BWL

Kompaktes Grundwissen

Eine leicht verständliche Einführung in die
Allgemeine Betriebswirtschaftslehre für Praktiker,
Selbstständige, Ingenieure und alle, die kein BWL
studiert haben

Johann Graf

Inhaltsverzeichnis

Über dieses Buch

In diesem Buch erfahren Sie die wichtigsten Grundlagen der Betriebswirtschaftslehre und der praxisbezogenen Konzepte, die in dieser wissenschaftlichen Disziplin betrachtet und untersucht werden.

Was ist das Ziel dieses Buches?

Als Leser erhalten Sie einen kompakten Überblick über die praxisrelevanten Teile der BWL.

Für wen ist dieses Buch geeignet?

Das Buch hilft Praktikern, die selbst kein BWL studiert haben, betriebswirtschaftliche Konzepte zu verstehen, Unternehmenszusammenhänge bewerten und Führungsmethoden umsetzen zu können. Kurz: Das Buch ist für Menschen, die kein BWL studiert haben, aber BWL-Wissen benötigen, etwa Ingenieure, Studenten anderer Fachrichtungen oder Selbstständige.

Welche Inhalte finden Sie in diesem Buch?

Das Buch ist eine einfach verständliche Einführung in die Grundlagen der BWL. Sie finden gut strukturierte, einfach verständliche Erläuterung zu folgenden Unternehmensbereichen:

- Unternehmensführung
- Produktion
- Personalwirtschaft
- Marketing
- Finanzierung
- Kostenrechnung

Johann Graf

Nach Lektüre dieses Buches werden Sie in der Lage sein, betriebs-wirtschaftliche Zusammenhänge in Unternehmen zu verstehen und zu bewerten, um sinnvolle, effiziente Entscheidungen zu treffen.

1. Einleitung

Die Betriebswirtschaftslehre ist die Lehre von der Wirtschaft, also jenem Teil unseres Lebens, der unsere Lebensbedingungen, unseren Wohlstand und unsere existentiellen Grundbedürfnisse reguliert und beeinflusst. Als Wissenschaft betrachtet die Betriebswirtschaftslehre vorwiegend die wirtschaftliche Dimension von Betrieben und Unternehmen, oftmals erweitert um soziale, technologische oder ökologische Aspekte. In Betrieben müssen laufend betriebswirtschaftliche Entscheidungen getroffen werden. Dies liegt daran, dass betriebliche Ressourcen wie Personal, Zeit, Kapital knapp sind, sodass diese effizient und effektiv verteilt und genutzt werden müssen. Die Entscheidungen darüber, wie diese Ressourcenverteilung stattfinden soll, bilden die Grundlage sämtlicher betriebswirtschaftlicher Fragestellungen.

1.1. Die wichtigsten Begriffe

Als *Güter* betrachtet die Betriebswirtschaft alle Dinge, die der Mensch zur Befriedigung seiner Bedürfnisse benötigt. Dazu zählen sowohl lebensnotwendige Dinge wie Essen und Trinken als auch Luxusprodukte wie etwa Schmuck.

Güter, die unbegrenzt verfügbar sind, werden als freie Güter bezeichnet. Ein Beispiel hierfür ist die Luft, die wir atmen, die unbegrenzt vorhanden ist und die keine Kosten verursacht. Das Gegenstück hierzu sind knappe Güter. Knappe Güter sind in einer kleineren Menge vorhanden als sie nachgefragt werden. Dies wird als *Güterknappheit* bezeichnet. Um Nachfrage und Angebot in Balance zu halten, gibt es das *marktwirtschaftliche System*. In diesem System werden knappe Güter gehandelt, sie werden daher auch als *Wirtschaftsgüter* bezeichnet.

Bei Wirtschaftsgütern wird zwischen Realgütern und Nominalgütern unterschieden:

- Realgüter sind sowohl materielle, also greifbare Güter wie etwa Autos oder Maschinen, als auch immaterielle, also nicht greifbare Güter wie Dienstleistungen oder Lizenzen;

- Nominalgüter sind Güter, die keinen faktischen, tatsächlichen Wert besitzen, sondern nur jenen Wert, der ihnen zugewiesen wird, etwa Kredite, Forderungen oder Münzen.

Güter lassen sich noch nach weiteren Aspekten unterteilen:

- Verwendungszweck: Hier lassen sich *Investitionsgüter* und *Konsumgüter* unterscheiden. Bei ersteren handelt es sich um Güter, die zur Produktion von anderen Gütern eingesetzt werden. Darunter fallen etwa Rohstoffe oder Fertigungsanlagen. Konsumgüter dienen hingegen ausschließlich der Bedarfsdeckung der Haushalte, etwa alltägliche Güter wie Handys oder Fernseher.

- Lebensdauer: Nach der Lebensdauer lassen sich Güter in verschiedene Kategorien unterteilen. Zu nennen sind hier zum einen die *Verbrauchsgüter*, die bei ihrer Verwendung schnell aufgebraucht werden (etwa Fertigungsmaterial). Das Gegenteil hierzu sind *Gebrauchsgüter*, die gar nicht oder nur sehr langsam verbraucht werden (etwa Grundstücke oder Maschinen). Des Weiteren unterscheidet man *Convenience-Konsumgüter*, die von Kunden häufig und ohne viel Vorabrecherche gekauft werden, *Shopping-Konsumgüter*, über die Kunden sich ausführlich vor dem Kauf informieren und *Speciality-Konsumgüter*, für die kein Ersatz am Markt existiert (etwa Oldtimer).

Die Güter werden im marktwirtschaftlichen System gehandelt, der Ausgleich zwischen dem knappen Angebot und der höheren Nachfrage erfolgt über den Preis. Auch hier wird davon ausgegangen, dass die Mittel, die der Mensch zur Befriedigung seiner Bedürfnisse aufwenden kann (also Einkommen, Kapital), beschränkt sind. Aus einer Erhöhung des Preises von bestimmten Gütern ergibt sich sohin eine automatische Reduktion der Nachfrage. Umgekehrt führt eine Preissenkung zu einer gesteigerten Nachfrage.

1.2. Die wichtigsten Konzepte

Die Betriebswirtschaftslehre ist eine umfassende wissenschaftliche Disziplin mit zahlreichen Teilbereichen. Sie lässt sich den angewandten, praktischen Handlungswissenschaften zuordnen, zu denen etwa auch Kultur- und Sozialwissenschaften, Psychologie oder Volkswirtschaft zählen. Das Gegenstück hierzu sind die reinen, theoretischen Grundlagenwissenschaften, zu denen die Naturwissenschaften zählen.

Die Betriebswirtschaftslehre lässt sich in zwei wesentliche Konzepte unterteilen:

- Allgemeine Betriebswirtschaftslehre: Dieser Bereich konzentriert sich auf die Beschreibung von Tatbeständen, die (möglichst) für alle Wirtschaftsakteure (Unternehmen, Haushalte) gültig sind.

- Spezielle Betriebswirtschaftslehre: Dieser Bereich betrachtet verschiedene Teildisziplinen, etwa die Industriebetriebslehre, die Handelsbetriebslehre oder die Bankbetriebslehre.

Die verschiedenen Konzepte und Disziplinen der Betriebswirtschaftslehre können nach unterschiedlichen Kategorien unterteilt werden, wie die nachfolgende Tabelle zeigt.

Institutionen	Funktionen	Genetik (unternehmerischer ebenszyklus)	Prozesse
• Allgemeine Betriebswirtschaft • Spezielle Betriebswirtschaft • Verfahrenstechnik	• Führung, Organisation • Materialwirtschaft • Produktionswirtschaft • Absatz, Marketing • Kapitalwirtschaft • Personalwirtschaft • Rechnungswesen	• Gründungsphase • Umsatzphase • Liquidation	• Planung • Entscheidung • Ausführung • Kontrolle

Es ist aber auch möglich, die Konzepte der Betriebswirtschaft nach einem pragmatischen Ansatz zu strukturieren. Hierfür dient das betriebswirtschaftliche Gesamtmodell, das versucht, die tatsächlichen Gegebenheiten am Markt abzubilden und die verschiedenen wissenschaftlichen Teilbereiche entsprechend zu ordnen. Die nachfolgende Tabelle zeigt den Aufbau des Modells.

Die Tabelle zeigt, dass an oberster Stelle die Volkswirtschaft steht. Sie umfasst alle Wirtschaftsteilnehmer und bildet die Rahmenbedingungen. Innerhalb der Volkswirtschaft agieren die Betriebe. Einzelne Betriebe arbeiten in einer Kette mit anderen Betrieben, der sogenannten Wertschöpfungskette. Teile dieser Kette sind neben den Betrieben auch die Märkte, die Zulieferer und die Kunden.

Volkswirtschaft		
	Betriebe	
	Grundlegende Entscheidungen (Standort, Rechtsform, Kooperationen)	
	Unternehmensführung (Management, Marketing, Controlling)	
	Leistungserstellung (Materialwirtschaft, Produktionswirtschaft)	
	Rechnungs- und Finanzwesen	
Zulieferer →	*Unternehmensinfrastruktur*	→ *Kunden*
(Gewinnspanne)	*Personalwirtschaft*	*(Gewinnspanne)*
	Technologieentwicklung	
	Beschaffung	
	Logistik	
	Produktion	
	Vertrieb	
Beschaffungsmarkt		Absatzmarkt

Am Beginn der Prozesskette eines Unternehmens stehen die Entscheidungen, die getroffen werden, um das Unternehmen weiterzuentwickeln und von einer Phase in die nächste zu leiten. Nach der Gründung eines Unternehmens muss dieses kontinuierlich geführt werden. Die Unternehmensführung umfasst auch den Leistungserstellungsprozess, also jenen Teil des Unternehmens, der für die Erstellung der Produkte oder die Zurverfügungstellung der Dienstleistungen zuständig ist. Alle Bereiche unterliegen einer Kontrolle, deren Basis das Rechnungs- und Finanzwesen ist.

2. Die Gründungsphase

2.1 Welche konstitutiven Entscheidungen müssen getroffen werden?

Konstitutive Entscheidungen sind Entscheidungen hinsichtlich der Führung des Unternehmens. Sie müssen nur einmal oder zumindest nur sehr selten getroffen werden. Auf Grund ihrer großen Bedeutung heißt dies jedoch auch, dass sie überaus gründlich durchdacht werden müssen. Eine Fehlentscheidung bei den konstitutiven Entscheidungen eines Unternehmens kann schwerwiegende Auswirkungen auf den Unternehmenserfolg haben.

Die Tätigkeiten eines Unternehmers oder einer Unternehmerin beginnen in dem Moment, in dem das Unternehmen gegründet wird. Sie enden erst dann, wenn der Betrieb aufgelöst wird und somit mit der Liquidation (oder dem Verkauf des Unternehmens an einen neuen Unternehmer, der die Verantwortung übernimmt). Zunächst sind es vor allem die Eigenkapitalgeber, welche die Entscheidungen rund um die Gründung des Betriebs treffen müssen. Damit dieser Prozess reibungslos funktioniert, müssen verschiedene Bereiche im Voraus beleuchtet und analysiert werden:

- Geschäftsplan
- Organisationsplan
- Finanzierungsplan
- Rechtsform
- Standort

Auch die Zusammenschlüsse verschiedener Unternehmen, ob zeitlich begrenzt oder langfristig, sind konstitutive Entscheidungen.

Insgesamt durchläuft ein Unternehmen im Laufe seines Lebens viele Veränderungen. Manchmal müssen diese mit einschneidenden Entscheidungen forciert werden, beispielsweise wenn sich der Markt ändert und die Firma sich an die neuen Bedingungen anpassen muss. Häufig handelt es sich aber auch um ganz natürliche Prozesse, welche das Resultat vieler kleiner Entscheidungen sind. Die Entwicklung eines Produkts zum Beispiel: Sie gründen Ihr Unternehmen im IT-Bereich und bieten Ihren Kunden in den ersten Monaten die Erstellung von Webseiten an. Nach und nach erweitern Sie Ihre Dienstleistungen und nehmen Social-Media-Marketing in Ihr Angebot auf. Hinzu kommen kurze Videos und Fotos, welche Ihren Kunden zur Präsentation dienen. Sie haben in diesem Zusammenhang nicht eine einzige Entscheidung getroffen, die etwa Ihre Vertriebsstrategie betrifft, sondern Ihre Dienstleistungen nach und nach erweitert. All diese kleineren Entscheidungen helfen dem Unternehmen bei einem organischen Wachstum.

Lassen Sie uns ganz an den Anfang zurückkehren. Um ein Unternehmen zu gründen, werden mindestens drei Komponenten benötigt:

1. Ein Eigenkapitalgeber oder eine Eigenkapitalgeberin. Bei vielen Firmen handelt es sich hierbei besonders in der Gründungsphase um den Unternehmer oder die Unternehmerin. Bei ihnen liegt das Geschäftsrisiko, denn sie tragen die Verantwortung für die Geschäfte des Betriebs und müssen haften, wenn das Unternehmen zahlungsunfähig wird.

2. Eine Geschäftsidee – manchmal handelt es sich hierbei um eine sehr innovative Idee. Ein Produkt oder eine Dienstleistung, die es so bisher noch nicht auf dem Markt gab. Es kann aber auch sein, dass Sie sich durch eine umfangreiche Produktpalette gängiger Produkte einen soliden Unternehmenserfolg erhoffen. In irgendeiner Weise

ist Ihr Unternehmen etwas Besonderes. Sie möchten zum Beispiel ein Café gründen und erhoffen sich durch Ihren sehr guten, persönlichen Service einen Vorteil gegenüber Ihrer Konkurrenz.

3. Ein Konzept für das Management der Firma. Strukturen verändern sich, das steht außer Frage. Beispielsweise gründen Sie Ihr Unternehmen als Einmannbetrieb und übernehmen in der ersten Zeit alle Aufgaben selbst. Nach und nach können Sie es sich finanziell leisten, bestimmte Aufgaben auszulagern oder feste Mitarbeiter anzustellen. Dadurch verändert sich die Struktur im Unternehmen und es entstehen neue Arbeitsabläufe. Es ist deshalb nicht notwendig, dass die Gesamtstruktur des Unternehmens für die nächsten 15 Geschäftsjahre im Voraus geplant wird. Ein Konzept sollten Sie sich jedoch bereits während des Gründungsprozesses Ihrer Firma überlegen. Auf diese Weise haben Sie einen Plan und wissen, in welche Richtung Sie sich in den kommenden Jahren entwickeln möchten. Außerdem erarbeiten Sie sich eine Struktur, die über die Abläufe in Ihrem Unternehmen entscheidet und die Prozesse im Alltag erleichtert.

2.1.1 Die passende Rechtsform wählen

Das wirtschaftliche Ziel eines Unternehmens ist die Maximierung des Gewinns nach Steuern. Dieser Leitsatz ist auch für die Wahl der Rechtsform sehr wichtig. Die Rechtsform einer Firma entscheidet darüber, wie sie sich im Innenverhältnis und im Außenverhältnis zu verhalten hat. Das Innenverhältnis beschreibt den Umgang mit den Shareholdern, den Gesellschaftern des Unternehmens. Das Außenverhältnis bestimmt den Umgang mit den Stakeholdern, die Ansprüche an das Unternehmen stellen.

Welche Rechtsform für Ihr Unternehmen die richtige ist, können Sie mit Hilfe folgender Kriterien herausfinden:

1. Wer leitet und kontrolliert den Betrieb?

    a. Die Firma wird durch den Eigentümer geführt. Es handelt sich hierbei beispielsweise um ein typisches Einzelunternehmen. Sowohl Geschäfts- als auch Verlustrisiko liegen bei dem Unternehmer. Dadurch trägt er viel Verantwortung, ist aber auch in der Lage, alle wichtigen Entscheidungen rund um sein Unternehmen selbst zu treffen. Dabei muss er selbstverständlich alle gesetzlichen Vorschriften befolgen, die zum Beispiel für den Umgang mit den Arbeitnehmern auferlegt werden. Innerhalb dieser Vorschriften kann er sich jedoch frei bewegen. Die häufigsten Rechtsformen sind in diesem Zusammenhang Einzelunternehmen, Offene Handelsgesellschaften sowie Gesellschaften mit beschränkter Haftung, bei denen die Gesellschafter gleichzeitig auch die Führung des Betriebs übernehmen.

    b. Das Unternehmen wird durch ein Management geführt. Diese Lösung wird zum Beispiel dann gewählt, wenn es mehrere Geschäftsführer in einem Unternehmen gibt. Diese sind gemeinsam nicht in der Lage, Entscheidungen zu treffen, weshalb sie durch ein Management ersetzt werden. Ein weiterer Grund für den Einsatz eines Managements wäre zum Beispiel, dass es sich bei dem Eigenkapitalgeber um eine Person handelt, die selbst nicht über das notwendige Know-how verfügt, um einen Betrieb zu leiten. Sie gibt diese Aufgabe deshalb an ein Management ab, welches bessere geschäftliche Entscheidungen treffen kann. In großen Aktiengesellschaften kommt es ebenfalls zum Einsatz eines Managements. Hunderte Aktionäre übergeben die Führung an ausgewählte Personen, die wichtige unternehmerische Entscheidungen treffen.

2. In welchem Umfang haftet der Eigenkapitalgeber?

Als Einzelunternehmer investiert man nicht nur eine bestimmte Summe Geld in das Unternehmen, man haftet
auch mit seinem persönlichen Vermögen, und zwar in un-
beschränkter Höhe. Nehmen wir an, das Unternehmen
hat Verbindlichkeiten gegenüber seinen Gläubigern,
die es auf Grund eines Ausfalls nicht zahlen kann. Als
Einzelunternehmer richten sich die Gläubiger der Firma
nun an Sie persönlich. Sie müssen das Geld aus eigener
Tasche zahlen. Sind Sie nicht in der Lage, dies zu tun,
weil die Höhe des zu zahlenden Betrags zu hoch ist,
so stehen Sie vor einem riesigen Problem. Es gibt die
Möglichkeit, eine juristische Person zu erschaffen, die
das Unternehmen repräsentiert. Es handelt sich hierbei nicht um einen Menschen, sondern vielmehr um die
Personifizierung des Betriebs. Diese juristische Person
unterliegt Rechten und Pflichten. Zu ihren Pflichten gehört unter anderem, dass sie mit ihrem Gesamtvermögen
haftet. Dieses umfasst jetzt allerdings nur noch das
Vermögen des Unternehmens und nicht mehr das persönliche Vermögen des Unternehmers. Bei einer GmbH,
einer Gesellschaft mit beschränkter Haftung, haften die
Eigenkapitalgeber deshalb nur in Höhe des vertraglich
festgehaltenen Betrags. Das Ergebnis: Die GmbH haftet
als juristische Person mit ihrem ganzen Vermögen. Reicht
dieses nicht aus, um die Forderungen der Gläubiger zu
decken, liegt der Verlust bei den Gläubigern, da sie sich
nicht an die Eigenkapitalgeber des Unternehmens richten
können.

3. Die Verteilung der Gewinne und Verluste

Wenn Sie ein Einzelunternehmen gründen, dann werden
Sie in Zukunft selbst darüber entscheiden, wie mit den
Gewinnen und Verlusten Ihres Unternehmens umgegan-
gen werden soll. Sobald jedoch mehrere Unternehmer

in eine Firma investieren, sollten Sie gemeinsam bereits vor der Gründung festlegen, wie Sie die Gewinne und Verluste später aufteilen werden. Dies kann beispielsweise prozentual zur Höhe der Investition geschehen. Ein Kapitalgeber, der 30 Prozent des Gesamtkapitals beigetragen hat, hat einen Anspruch auf 30 Prozent des Gewinns. Sie können sich auch für eine andere Form der Aufteilung entscheiden. In diesem Bereich haben Sie eine große Entscheidungsfreiheit. Stellen Sie jedoch sicher, dass die Entscheidung schon vor oder spätestens während des Gründungsprozesses gefällt wird, sodass es später nicht zu Zerwürfnissen kommt.

4. Die Möglichkeiten der Finanzierung

Je nach Unternehmen kann auf unterschiedliche Finanzierungsformen zurückgegriffen werden. Bei einem Einzelunternehmen muss der Unternehmer für den Betrieb haften. Das spielt zum Beispiel dann eine Rolle, wenn Sie einen Kredit bei einer Bank beantragen. Einerseits sind Einzelunternehmer bei Banken gern gesehen, denn selbst wenn die Firma nicht über die finanziellen Mittel verfügen sollte, um den Kredit zurückzuzahlen, wissen sie, dass sie sich an den Unternehmer wenden können. Andererseits sind Einzelunternehmer mit Risiken verbunden, denn es ist nicht leicht, einen Kredit allein zu stemmen und zurückzuzahlen und die Verantwortung liegt nun einmal allein beim Unternehmer. Bei einer GmbH handelt es sich meist um einen größeren Betrieb mit einer stärkeren Kapitalkraft. Kredite werden deshalb gern vergeben. Auf der anderen Seite haften die Unternehmer einer GmbH nicht mit ihrem Privatvermögen, was wiederum ein Risiko für die Banken darstellt. Aktiengesellschaften erhalten sehr viel Geld durch die große Anzahl an Aktionären, die sie am Unternehmen teilhaben lassen. Umso größer das Eigenkapital einer Firma, desto lieber vergeben Banken

Kredite. Hierbei handelt es sich selbstverständlich um eine grobe Regel, die im Einzelfall überprüft werden muss.

5. Die Publizität und Prüfung

    Die Rechtsform einer Firma entscheidet darüber, ob der Jahresabschluss geprüft und veröffentlicht werden muss. Ist dies der Fall, sind mit der Prüfung hohe Kosten verbunden. Einzelunternehmer, die in der ersten Zeit nicht mit einem besonders hohen Gewinn rechnen, sondern selbst von dem Unternehmen leben möchten, müssen sich überlegen, ob sie diese Kosten in Kauf nehmen wollen und können. Außerdem müssen Sie beachten, in welchem Maß die Mitarbeiter bei Ihrer gewählten Rechtsform mitbestimmen dürfen. Bei einem weitreichenden Mitbestimmungsrecht verliert der Unternehmer an Entscheidungsfreiheit und Kontrolle. Es gibt Rechtsformen, bei denen die Mitarbeiter über mittlere bis große Entscheidungen jedes Mal im Voraus informiert werden müssen. Sie haben durchaus auch ein Mitspracherecht, sodass der Unternehmer letzten Endes nicht jede seiner Entscheidungen durchsetzen kann.

6. Die steuerliche Belastung

    Die Betriebe werden je nach Rechtsform besteuert. Für Sie als Unternehmer ist eines der Hauptziele Ihrer Firma, Ihren Gewinn nach Steuern zu maximieren. Deshalb wählen Sie grundsätzlich die Unternehmensform, welche die geringsten Steuern zahlen muss. Gleichzeitig kann es jedoch zu Interessenskonflikten kommen, denn ein Einzelunternehmen bezahlt beispielsweise weniger Steuern als eine GmbH, ist jedoch mit einer höheren Haftung verbunden. Diese ist ein geschäftliches Risiko und sollte bei der Wahl der Rechtsform selbstverständlich ebenfalls bedacht werden. Es gibt Mischrechtsformen, die versuchen sollen, verschiedene Interessen unter einen Hut zu bringen.

Die Rechtsformen der privaten Betriebe im Überblick:

- Einzelunternehmen: Diese Rechtsform ist auch für Kleinbetriebe (beispielsweise einen Kiosk) geeignet. Es gibt wenig Vorschriften und der Unternehmer verfügt über ein hohes Maß an Unabhängigkeit. Die Haftung ist unbeschränkt und die Fremdfinanzierung durch Banken häufig mit Komplikationen verbunden.

- Personengesellschaften: Die Unternehmen werden von natürlichen Personen gegründet und geleitet.

  ○ OHG (offene Handelsgesellschaft): Es wird ein Handelsgewerbe betrieben, die Gesellschafter sind Kaufleute und haften insgesamt unbeschränkt.

  ○ GbR (Gesellschaft bürgerlichen Rechts): Diese Gesellschaftsform wird sehr häufig verwendet, wenn sich mehrere Unternehmer zusammenschließen, um eine Firma zu gründen. Dieser Betrieb verfolgt einen gemeinsamen Zweck. Inhaltlich gibt es vielfältige Variationen. Beispielsweise kann es sich um eine ärztliche Gemeinschaftspraxis handeln. Jeder Gesellschafter haftet mit seinem ganzen Privatvermögen. Finanzierung von außen findet meist durch Bankkredite statt. Hierfür ist von großer Bedeutung, wie kreditwürdig die Gesellschafter einzeln und gemeinsam sind. Die GbR ist nicht dazu verpflichtet, einen Jahresabschluss zu erstellen. Somit fallen dafür auch keine Kosten zur Prüfung und Publizierung an.

  ○ KG (Kommanditgesellschaft): Die Abgrenzung zur OHG lässt sich in der Haftung der Gesellschafter finden. Während bei der OHG alle Gesellschafter mit ihrem gesamten Privatvermögen haften, werden die Gesellschafter bei der KG in zwei Gruppen unterteilt. Komplementäre haften mit ihrem Gesamtvermögen, Kommanditisten hingegen nur in der Höhe, die vertraglich festgelegt ist.

- ○ Stille Gesellschaft: Ein außenstehender Gesellschafter lässt sein Vermögen in das Unternehmen fließen und beeinflusst dadurch die Bilanz. Dadurch erhöht sich das Eigenkapital des Betriebs. Von außen wird der stille Gesellschafter nicht erkannt, es handelt sich somit um einen innerbetrieblichen Prozess.

- Kapitalgesellschaften: Es wird eine juristische Person erschaffen, welche eigene Rechte und Pflichten hat. Die einzelnen Gesellschafter übertragen Kapital auf den Betrieb.

  - ○ GmbH (Gesellschaft mit beschränkter Haftung): Diese Unternehmensform wird von Gesellschaftern gewählt, die ein kleines oder mittelständisches Unternehmen gründen wollen. Die unbeschränkte Haftung wird umgangen, denn die Unternehmer haften nur mit dem gesetzlich festgesetzten Betrag oder in Höhe der vertraglichen Abmachungen. Das Stammkapital des Unternehmens muss mindestens 25.000 Euro betragen. Darüber hinaus ist der Betrieb dazu verpflichtet, seinen Jahresabschluss prüfen zu lassen und zu publizieren.

  - ○ AG (Aktiengesellschaft): Eigenkapitalgeber beteiligen sich an der Firma, indem sie Aktien kaufen und Wertpapiere erhalten, welche ihre Mitgliedschaftsrechte widerspiegeln. Die Kapitalgeber erhalten einen Anteil am Liquidationserlös, haben ein Stimmrecht in der Hauptversammlung, haben ein Aktienbezugsrecht, wenn das Kapital erhöht wird, und haben ein Anrecht auf einen Gewinnanteil des Unternehmens. Das Stammkapital einer AG muss mindestens 50.000 € betragen.

○ Unternehmergesellschaft: Es handelt sich hierbei um eine Mini-GmbH, deren Stammkapital lediglich einen Euro betragen muss. Aus den laufenden Gewinnen der Firma müssen Rücklagen gebildet werden. Diese kleine Schwester der GmbH erleichtert es Gesellschaftern mit einem geringen Kapital, ein Unternehmen zu gründen. Es ist schwer, Fremdfinanzierung durch Kredite zu finden, da die Banken dem hohen Risiko aus dem Weg gehen.

- Genossenschaften: Eine nicht begrenzte Anzahl an Mitgliedern eines betrieblichen Zweigs schließt sich zusammen, um einen gemeinschaftlichen Geschäftsbetrieb zu gründen. Es gibt beispielsweise Kreditgenossenschaften (Volksbanken), Produktionsgenossenschaften (Winzer oder Molkereibetriebe) und Baugenossenschaften (Wohnungsverwaltungen).

Exkurs: Die Rechtsform eines Unternehmens ändern

Die Rechtsform eines Betriebs kann mit der Kleidung eines Menschen verglichen werden. Sie wird so ausgewählt, dass sie auf die Bedürfnisse des Unternehmens sowie auf sein Angebot und seine Strategie optimal eingeht. Verändert sich etwas im Unternehmen oder am Geschäftsumfeld, dann kann es sinnvoll werden, auch die Rechtsform zu ändern. Ein interner Grund für eine solche Anpassung ist beispielsweise die Veränderung der Unternehmensstruktur. Ein Gesellschafter tritt aus dem Unternehmen aus oder neue Gesellschafter kommen hinzu. Oder aber man hat sich gemeinsam dazu entschlossen, die Haftung für die Firma zu verändern. Es kann auch externe Gründe geben, die eine Änderung der Rechtsform einer Firma notwendig machen. Diese beziehen sich meist auf die Gesetzgebung, beispielsweise im Hinblick auf die Arbeitnehmer oder die steuerliche

Belastung des Betriebs. Es gibt zwei Varianten der Umwandlung einer Rechtsform.

1. Eine Umwandlung des bestehenden Betriebs ohne Liquidation

2. Eine Umgründung, bei der das bestehende Unternehmen liquidiert wird und anschließend das Vermögen sowie die Schulden auf den neuen Betrieb übertragen werden

Exkurs: Das Unternehmen wird aufgelöst

Dieser Prozess wird Liquidation genannt. In Abgrenzung zum Verkauf einer Firma oder zum Erbgang wird das Unternehmen vollständig aufgelöst. Jegliche Vermögensgegenstände werden verkauft und der Betrieb als solcher dadurch vollkommen zerschlagen. Dieser Prozess kann zwangsweise oder freiwillig geschehen.

Haben die Gesellschafter gemeinsam beschlossen, dass sie getrennte Wege gehen wollen und kein Gesellschafter das Unternehmen übernehmen möchte oder kann, so steht eine Liquidation bevor. Es kann aber auch sein, dass das Unternehmen ganz einfach seinen Zweck erfüllt hat. Dies geschieht beispielsweise dann, wenn die Firma zur Bearbeitung eines großen Projekts gegründet wurde. Dieses wurde nun erfolgreich abgeschlossen, daher wird die Firma aufgelöst.

Häufig erfolgt die Liquidation eines Unternehmens aber auch gezwungenermaßen. Beispielsweise dann, wenn ein Betrieb hohe Schulden hat und diese durch die Gesellschafter nicht gedeckt werden können. Die Firma muss Insolvenz anmelden und vom Verkauf der Vermögensgegenstände die Gläubiger bezahlen. Bei Kapitalgesellschaften spricht man in diesem Zusammenhang von einer Überschuldung.

2.1.2 Welcher Standort ist der richtige?

Bei großen Unternehmen, die Güter produzieren, ist dies eine Entscheidung, die sehr gut durchdacht werden muss. In vielen Fällen handelt es sich sogar um eine internationale Frage: In welchem Land muss die Firma produzieren, um die Differenz zwischen dem Aufwand (den Produktionskosten) und dem Ertrag (den Verkäufen) zu maximieren?

Aber auch bei kleineren Unternehmen, die Produkte produzieren oder weiterverkaufen, sowie bei Dienstleistungsunternehmen spielt der Standort eine wichtige Rolle. Selbst ein Einzelunternehmer, der einen kleinen Betrieb gründet, muss sich Gedanken darüber machen, ob seine Geschäftsidee in seiner Heimatstadt Erfolg haben wird oder ob ein Umzug in eine andere Region womöglich mit höheren Gewinnen einhergehen würde. In welchem Stadtteil sollte das Unternehmen gegründet werden?

Nehmen wir an, Sie möchten ein Café eröffnen. Sie haben ein hübsches Lokal gefunden und die Miete ist relativ günstig, worüber Sie sich selbstverständlich freuen. Das Lokal liegt jedoch in einem Gewerbegebiet und bei der Analyse des Standorts fällt Ihnen auf, dass Sie Ihre Traumkunden mit diesem Standort nicht erreichen werden. Ihr Café richtet sich an Menschen, die bei einem köstlichen Stück Kuchen und einem Kaffee das gemütliche Beisammensein mit ihren Freunden genießen wollen. Diese Menschen werden kaum die weite Anreise aus der Innenstadt zu Ihrem Café in Kauf nehmen, das darüber hinaus nur mit dem Auto erreicht werden kann.

Bei kleinen und mittelständischen Unternehmen, die Produkte und Dienstleistungen vor Ort verkaufen, kann der optimale Standort nicht allgemeingültig bestimmt werden. Er ist von der Branche, der Größe des Unternehmens und anderen Faktoren abhängig.

Folgende drei Kriterien helfen Ihnen dabei, den perfekten Standort für Ihre Firma und die damit verbundenen Bedürfnisse und Voraussetzungen zu bestimmen:

1. Die Nachfrage: Führen Sie sich hierfür das Beispiel des Cafés vor Augen. Stoßen Sie an den Standorten, die Sie in die engere Auswahl nehmen, auch auf die Nachfrage durch Ihre Traumkunden? Oder um die Frage umzudrehen: An welchen Standorten ist die Nachfrage so groß, dass Sie Ihre Traumkunden erreichen? Bedenken Sie dabei stets, welche Bedürfnisse Ihre potenziellen Kunden haben und welche Erwartungen sie an Ihr Unternehmen stellen.

2. Die Erreichbarkeit: Je nach Standort und Konzept der Firma ändern sich auch die Bedürfnisse der Kunden sowie die Anforderungen, die sie an Ihr Unternehmen stellen. Hierbei müssen Sie logische Beobachtungen in Ihre Analysen einfließen lassen. Ein kleines Beispiel: Wenn Sie Ihr Unternehmen auf dem Land ansiedln, dann kommen die meisten Ihrer Kunden mit dem eigenen Auto. Das setzt voraus, dass Ihr Unternehmen gut mit dem Auto erreicht werden kann und darüber hinaus über ausreichend Parkplätze verfügt. Sie möchten eine Eisdiele in der Innenstadt eröffnen? Dann können Sie davon ausgehen, dass die meisten Ihrer Kunden mit den öffentlichen Verkehrsmitteln zu Ihnen fahren oder zu Fuß kommen. Es gilt, einen guten Kompromiss zwischen Kosten und Nutzen des Standorts zu finden. Denn gute Standorte, beispielsweise in einem Einkaufszentrum, die auf Grund ihrer erstklassigen Lage sehr beliebt sind, sind selbstverständlich auch mit hohen Mietkosten oder Kaufpreisen verbunden. In einer weniger guten Lage müssen Sie jedoch davon ausgehen, dass Sie viel Werbung für Ihr Unternehmen machen müssen, um die Kundschaft zu sich zu locken. Dies ist ebenfalls mit nicht zu unterschätzenden Kosten verbunden. Finden Sie einen

Kompromiss, der Kosten und Nutzen vereint und den Sie mit Ihrem Budget auch bezahlen können, ohne sich gleich in der Gründungsphase das Genick zu brechen.

3. Die Sicherheit: Betriebe müssen von Behörden abgenommen werden. In einigen Regionen gelten unter anderem strenge Richtlinien. Wenn Sie diese nicht im Voraus analysiert haben, kann es Ihnen passieren, dass Sie Ihr Gewerbe an dem von Ihnen ausgewählten Ort später gar nicht ausführen dürfen. Oder aber Sie haben vor, in der Zukunft bauliche Veränderungen an Ihrem Bürogebäude vorzunehmen, was dann jedoch von den Behörden nicht genehmigt wird.

Bei Firmen, die Produkte und Dienstleistungen über das Internet anbieten, rückt die Standortwahl in die virtuelle Ebene. Hier stellen sich besonders folgende Fragen: Welche Website legt man an und welche Bedürfnisse soll sie befriedigen? Welchen Service bietet man auf welcher Plattform an und wo hat man das physische Lager für die Produkte, die man über das Internet verkauft?

An dieser Stelle eine Checkliste mit den wichtigsten Punkten, die Sie rund um die Standortwahl bedenken müssen:

—   Infrastruktur: In diesen Bereich fallen beispielsweise die Wasser- und Stromversorgung. Wie ist das Gebäude ausgestattet, verfügt es über einen Telefonanschluss und welche Bereiche müssen Sie ausbauen? Behalten Sie stets die Kosten im Hinterkopf, denn diese sollten Sie auf keinen Fall unterschätzen.

—   Räumlichkeiten: Wie viele Räume benötigen Sie und über wie viele Räume verfügt das Gebäude oder das

Büro, welches in der näheren Auswahl steht? Welche Größe hat der Standort und wie sind die Räumlichkeiten aufgeteilt? Beziehen Sie mögliche Veränderungen mit ein, die Sie in der Zukunft vornehmen möchten.

- Situation: Welche Konkurrenz haben Sie vor Ort und wie würden Sie sich von ihr abheben? Wie steht es um Parkplätze und Ladeflächen?

- Standort: Bedenken Sie die Verkehrsanbindungen des möglichen Standorts. Wie nah befinden Sie sich an Ihren potenziellen Kunden? Bedenken Sie nicht nur den Verkauf an Kunden, sondern auch den Bezug Ihrer Rohstoffe oder Produkte durch Lieferanten. Sie müssen nicht nur an die Kunden gut angebunden sein, sondern auch an die Betriebe, von denen Sie Ihre Produkte beziehen.

- Miete oder Kauf: Mit welchen Kosten und welchem steuerlichen Aufwand sind die einzelnen möglichen Standorte verbunden? Werden Sie den Standort vorübergehend mieten oder bietet sich ein Kauf an? Wie sieht es in der Zukunft aus, gibt es die Möglichkeit, das Gebäude oder Büro zu kaufen? Welche Vorschriften gibt es im Hinblick auf Veränderungen? Es ist sehr schwer, einen Standort zu finden, der absolut perfekt an Ihre Anforderungen angepasst ist. Aus diesem Grund sollten Sie nicht davor zurückschrecken, Veränderungen vorzunehmen. Doch Sie müssen damit rechnen, dass Ihnen die Behörden oder Vermieter genaue Vorschriften auferlegen. Achten Sie darauf, dass Ihr Vorhaben umgesetzt werden kann, sonst verfügen Sie bald über einen Standort, den Sie nicht an Ihre Bedürfnisse anpassen können, was zu Geldeinbußen führen kann, in jedem Fall jedoch mit viel Stress verbunden ist.

> – Mitarbeiter: Gibt es rund um Ihren Standort ausreichend
> Fachkräfte für Ihr Vorhaben oder könnte es bei der
> Suche nach passenden Mitarbeitern zu Konflikten und
> Problemen kommen? Welches Lohnniveau herrscht an
> den Standorten, die es in die nähere Auswahl geschafft
> haben? Müssen Sie die Angestellten mit Firmenwagen
> ausstatten oder können sie den Standort problemlos er-
> reichen?

2.2 Unternehmensführung

Die Führung des Unternehmens leitet die Entscheidungen hinsichtlich der Produktion, dem Absatz, der Investitionen sowie der
Finanzierung des Unternehmens. Sie steuert die unterschiedlichen Prozesse in der Firma, die zum Unternehmenserfolg führen.
Wichtig sind dabei vor allem die Koordination und die Steuerung
der einzelnen Bereiche des Unternehmens. Jeder Bereich im Betrieb
ist ein kleines Unternehmen für sich. Er verfügt über Strukturen
und Abläufe und hat ein Ziel. Die Unternehmensführung führt
jeden Zweig zusammen, lenkt und gibt Rückmeldungen über die
Performance.

Vom Rechnungswesen erhält die Unternehmensführung Informationen rund um die Situation, die Erfolge und Misserfolge
der Firma. Diese stellen die monetäre Rückmeldung über die
Abläufe innerhalb des Betriebs dar. Die einzelnen Prozesse im
Unternehmen gehen häufig ineinander über. Nur wenn sie optimal aufeinander abgestimmt sind, können die Unternehmensziele
erreicht werden.

Ob ein Unternehmen erfolgreich ist, hängt von verschiedenen äu-
ßeren und inneren Umständen ab. Die externen Einflüsse kann das
Unternehmen allerdings nur sehr begrenzt beeinflussen. Deshalb
werden die internen Einflüsse umso wichtiger, denn sie sind die

Größe, auf die aktiv eingewirkt werden kann. Oberhaupt ist die Unternehmensführung. An dieser Stelle kann gar nicht genug betont werden, wie wichtig sie ist. Sie können über ein Team an ausgebildeten, exzellenten Mitarbeitern verfügen, die ausgezeichnete Arbeit leisten. Wenn Sie die einzelnen Prozesse nicht zusammenführen und optimal aufeinander abstimmen, dann stehen Sie trotz Ihres ausgezeichneten Personals vor einem Unternehmen, das einem Schlachtfeld gleicht. In der Führungsposition sind Sie die Person, die das Uhrwerk am Laufen hält und dafür sorgt, dass die Zahnräder reibungslos ineinandergreifen.

Es ist Ihre Aufgabe, Entscheidungen über die Prozesse und Abläufe im Unternehmen zu treffen. Sie kontrollieren und analysieren, wie Sie sich als Firma vom Ist-Zustand zum Soll-Zustand bewegen können.

2.2.1 Unternehmensziele und Unternehmensphilosophie

Die Formulierung konkreter Ziele ist maßgeblich für den Erfolg des Unternehmens. Denn nur mit konkreten Zielen kann man sehen, in welche Richtung man sich bewegen muss, um den Unternehmenserfolg langfristig sicherzustellen. Dadurch wird ein Maßstab geschaffen, an dem Erfolge und Misserfolge des Betriebs gemessen werden können. So kann überprüft werden, ob man sich durch die getroffenen Entscheidungen den langfristigen Unternehmenszielen genähert hat, und man ist in der Lage, Misserfolge überhaupt als solche zu identifizieren. Befindet man sich auf dem falschen Kurs, können Veränderungen vorgenommen werden, um den Betrieb wieder in die richtige Richtung zu lenken. Ein Vergleich zwischen dem Ist-Zustand und dem Soll-Zustand wird durchgeführt, um Informationen über die Situation des Unternehmens zu erhalten. Auf diese Weise kann rechtzeitig reagiert werden, wenn man feststellt, dass sich das Unternehmen nicht auf Erfolgskurs befindet.

Führen Sie ein Unternehmen, in dem mehrere Menschen arbeiten, dann treffen unterschiedliche Interessen aufeinander. Sie als Unternehmer verfolgen zunächst einmal ökonomische Ziele. Wir hatten bereits in einem vorangehenden Kapitel festgehalten, dass das Hauptziel einer Firma darin besteht, den Gewinn langfristig zu maximieren. Denn diese Gewinnmaximierung garantiert das Bestehen des Unternehmens sowie sein Wachstum.

Die Arbeitnehmer verfolgen neben diesem Hauptziel, das selbstverständlich auch zur Erhaltung ihres Arbeitsplatzes beiträgt, persönliche Ziele. Sie möchten in das Geschehen des Unternehmens eingreifen können und gute Arbeitsbedingungen haben. Dazu gehören beispielsweise die Urlaubstage, die Arbeitszeiten, das Management der Überstunden, die Arbeitsatmosphäre und das Miteinander der Angestellten untereinander. Der Lohn spielt eine wichtige Rolle, ebenso wie die Sozialleistungen.

Auch von außen werden Bedürfnisse an das Unternehmen gestellt. Die Menschen im Umfeld sowie die Allgemeinheit möchten zum Beispiel, dass das Unternehmen möglichst wenig Abfall produziert. Der Abfall, der entsteht, soll möglichst recyclebar sein. Die Ressourcen sollen geschont werden. Das Unternehmen soll also möglichst wenig Strom und Wasser verbrauchen. Schadstoffe dürfen nicht einfach in die Umwelt geblasen werden, sondern müssen gründlich gefiltert werden.

Die Ziele und Interessen dieser drei Gruppen (Unternehmer, Angestellte, Gesellschaft) treffen aufeinander und sind häufig der Grund für Konflikte. Hohe Löhne, welche sich die Angestellten der Firma wünschen, scheinen auf den ersten Blick gegen das oberste Ziel der Gewinnmaximierung zu sprechen. Wenn man sich die Zusammenhänge genau überlegt, dann lässt sich jedoch durchaus eine Brücke schlagen. Denn wenn ein Unternehmer seinen Angestellten ausgezeichnete Löhne zahlt, dann steigert dies die Arbeitsbereitschaft ungemein. Auf lange Sicht bedeutet das eine Steigerung der Produktion und des Absatzes, was durchaus die Gewinne des Unternehmens maximiert.

Die Vermeidung von Schadstoffemissionen ist mit hohen Kosten verbunden. Auch dies scheint auf den ersten Blick gegen die Gewinnsteigerung der Firma zu sprechen. Doch betrachten Sie einmal die positiven Effekte, die auf gesellschaftlicher Ebene entstehen, wenn ein Unternehmen besonders nachhaltig produziert und auf die Umwelt achtet. Das hohe Ansehen in der Öffentlichkeit, der Respekt und die Zuneigung zum Unternehmen sorgen dafür, dass die Verkaufszahlen steigen. Auf lange Sicht bedeutet dies durchaus eine Maximierung der Gewinne.

Die Ziele werden nach verschiedenen Systemen unterschiedlichen Kategorien zugeordnet. Dies ist zwar mit einigem Aufwand verbunden, lohnt sich aber. Denn wenn Sie wissen, wohin Sie möchten, dann zeichnet sich der Weg dorthin klar und deutlich ab.

Die Klassifikation der Ziele kann beispielsweise in Bezug auf die Zeit stattfinden. Die Ziele können langfristig oder kurzfristig sein. In einer Rangordnung wird festgehalten, welche Ziele besonders wichtig sind und deshalb als Oberziele gelten. Andere sind weniger wichtig oder gehören nur zu einer bestimmten Abteilung des Unternehmens, diese sind Unterziele.

Wenn Sie alle Ziele für Ihren Betrieb definiert haben, müssen Sie analysieren, in welchem Verhältnis diese zueinander stehen. Es gibt Ziele, die sich gegenseitig ergänzen. Sie bauen aufeinander auf oder greifen ineinander. Andere laufen parallel, haben allerdings keine Berührungspunkte. Es gibt aber auch Ziele, die in Konkurrenz zueinander stehen. Solche werden in naher oder ferner Zukunft meist zu einem Anlass für Konflikte. Denn wenn beispielsweise die Ziele unterschiedlicher Abteilungen nicht miteinander vereinbar sind, dann wissen die einzelnen Mitarbeiter nicht, welches Ziel wichtiger ist und unbedingt erreicht werden muss. Sie können ihre Arbeitsschritte nicht mehr richtig einteilen und es kommt zu Störungen im Ablauf der Firma.

Die Unterteilung in einzelne Ziele dient nicht nur Ihrer Kontrolle, sie bricht auch die Oberziele des Unternehmens in einzelne Arbeitsschritte herunter, sodass jeder Mitarbeiter in den Abteilungen weiß, welche Aufgaben er zu erfüllen hat.

Grundsätzlich können die Ziele einer Firma sehr unterschiedlich aussehen. Sie sollten aber folgende Kriterien erfüllen:

Jedes Ziel muss …

… verständlich sein. Es darf nicht zu Missverständnissen kommen, denn je niedriger ein Angestellter auf der Hierarchiestufe im Betrieb steht, umso schwieriger ist es für ihn, komplexe Zusammenhänge und Oberziele zu verstehen.

… motivierend sein. Durch das Ziel wird bei den Mitarbeitern ein Impuls ausgelöst, der dazu führt, dass der Ist-Zustand der Firma verbessert wird.

… widerspruchslos sein. Wir haben bereits festgestellt, dass Ziele häufiger einmal in Konkurrenz zueinander stehen. Für die Mitarbeiter des Unternehmens ist dies schlecht, denn sie wissen nicht, welches Vorrang hat. Die Angestellten dürfen jedoch nicht in einen Zwiespalt geraten, da dies die Abläufe im Unternehmen behindert.

… kontrollierbar sein. Wenn sich das Erreichen eines Ziels nicht kontrollieren lässt, dann ist es aus unternehmerischer Sicht schwer, die Entwicklung des Unternehmens zu messen. Woran sollen Sie erkennen, ob Sie sich in die richtige Richtung bewegen oder an der Erreichung des Ziels vorbei arbeiten?

… realistisch sein. Die Ziele, die gewählt werden, müssen mit den Möglichkeiten des Unternehmens vereinbar sein. Es bringt nichts,

Ziele zu definieren, die mit den vorhandenen Ressourcen überhaupt nicht erreicht werden können.

Aus der Summe dieser Ziele wird das Leitbild des Betriebs entwickelt.

Die Unternehmensphilosophie spiegelt die Wertvorstellungen eines Unternehmens. Sie wird für die Firma entwickelt, als handle es sich hierbei um eine Person, die bestimmte Prinzipien vertritt. Sie beschreibt die Dynamik zwischen dem Betrieb und der Umwelt sowie der Gesellschaft. Die Mitarbeiter verinnerlichen die Philosophie des Unternehmens und können auf diese Weise Entscheidungen treffen, die im Interesse des Betriebs stehen. Die Unternehmensphilosophie entscheidet darüber, wie sich ein Unternehmen gegenüber Kunden, Lieferanten oder Mitarbeitern verhält.

Ziele sind ein konkretes Handlungsleitbild, während die Philosophie ein übergeordneter Leitfaden ist. Auf der Basis dieses Leitfadens können alle Personen, die an dem Betrieb beteiligt sind, Entscheidungen treffen, die im Interesse der Firma stehen. Ziele und Philosophie gehen ineinander über und greifen perfekt ineinander, wenn sie sich im Einklang befinden.

Ein Beispiel: Eines der Ziele einer Firma ist es, Kunden langfristig zu binden. In der Unternehmensphilosophie spiegelt sich dieses Ziel durch den Leitsatz „der Kunde ist König" wider. Das Personal im Verkauf trifft auf der Grundlage dieser Philosophie Entscheidungen in Bezug auf die Kundenbetreuung, die langfristig zur Kundenbindung führen und somit das Unternehmensziel erfüllen.

Die Philosophie kann als Seele des Unternehmens verstanden werden. Sie entscheidet beispielsweise darüber, wie die Mitarbeiter miteinander umgehen. Darüber hinaus lassen sich die Grundsätze der Unternehmensphilosophie auch im Führungsstil des Unternehmers erkennen. Wie ist die Firma in die Gesellschaft eingebettet? Welche gemeinnützigen Projekte werden unterstützt?

2.2.2 Planen und Entscheidungen treffen

Die Planung ist ebenfalls ein sehr wichtiger Bereich der Unternehmensführung. Denn nur wenn gut geplant wurde, können die Ziele durch die entsprechenden Handlungsschritte in die Realität umgesetzt werden. Bei kleineren Unternehmen übernimmt der Unternehmer selbst die Planung und somit auch die Entscheidungen über die verschiedenen Abteilungen des Unternehmens. Umso größer das Unternehmen ist, desto mehr Abteilungen hat es. Einzelne Planungsschritte werden bei größeren Unternehmen delegiert, denn sie können nicht mehr alle durch den Unternehmer vorgenommen werden.

Die Planung durchläuft mehrere Phasen:

1. Die Zielbildung: Sie kann schon vorher geschehen sein. Wir haben sie im letzten Kapitel eingehend betrachtet. Allerdings kann die Bildung konkreter Ziele auch ein Teil der weiterführenden Planung sein. Die Unterziele dienen dazu, die Oberziele der Firma in einzelne Handlungsschritte zu unterteilen.

2. Die Problemanalyse: Der Ist-Zustand des Betriebs wird auf seine Stärken und Schwächen untersucht. Anschließend werden die Ursachen herausgearbeitet.

3. Die Alternativenermittlung: Was könnte verändert werden, um die Schwächen abzustellen? Es werden verschiedene Ansätze gesucht und dokumentiert, die bei der Behebung der Schwächen helfen könnten.

4. Alternativenbewertung: Die einzelnen Alternativen wurden in der letzten Phase gesammelt. Im nächsten Schritt werden sie auf ihre Umsetzbarkeit und ihre Erfolgswahrscheinlichkeit überprüft. Einige Vorschläge sind vielleicht nicht umsetzbar, wenn man die Situation des Betriebs betrachtet.

Umso weitreichender die Folgen einer Entscheidung sein werden, desto komplexer ist die Planung.

Es wird zwischen drei Planungsarten unterschieden:

1. Operative Planung: Sie hat eine Frist von 1 Jahr, es geht also um Planungsschritte, die in der Gegenwart oder nahen Zukunft liegen. Die Unsicherheit ist nicht besonders groß, denn die Variablen können gut berechnet werden und es ist unwahrscheinlich, dass innerhalb dieses geringen Zeitraums unerwartete Überraschungsszenarien eintreten. Die Planung wird in feine, sehr detaillierte Handlungsschritte strukturiert und die Planung erfolgt durch die untere Führungsebene. Es handelt sich meistens um Entscheidungen und Planungsabläufe, die Auswirkungen auf eine spezifische Abteilung des Unternehmens haben, wobei die vorhandenen Kapazitäten dazu ausgeschöpft werden.

2. Taktische Planung: Es handelt sich um Planungsschritte, die innerhalb der kommenden 2 bis 5 Jahre umgesetzt werden. Die Unsicherheit ist groß, denn nicht alle Variablen können in der Gegenwart bereits zufriedenstellend berechnet werden. Die Einflussgrößen können sich innerhalb dieses recht langen Zeitraums ändern, was dazu führt, dass die Planung nicht immer genau ist. Die taktische Planung bringt eine grobe Struktur in die Entscheidungen des Unternehmens. Diese muss dann in der operativen Planung weiter eingegrenzt und unterteilt werden, sodass den Angestellten einzelne Handlungsschritte vorgelegt werden können. Die taktische Planung wird von der mittleren Führungsebene vorgenommen und hat Auswirkungen auf die Kapazitäten, denn es wird geplant, welche Kapazitäten das Unternehmen in den nächsten fünf Jahren benötigen wird.

3. Strategische Planung: Diese Planung hat eine Frist von mehr als 5 Jahren. Die Unsicherheit ist sehr groß, denn

die Einflussgrößen können unmöglich in der Gegenwart mit Präzision bestimmt und eingegrenzt werden. Einige Variablen sind vollkommen unbekannt, andere Dinge werden sich innerhalb der kommenden fünf Jahre mit großer Wahrscheinlichkeit ändern. Es wird nicht selten zu Veränderungen in der Gesetzgebung kommen, was auch auf das Unternehmen Einfluss haben wird. Die strategische Planung wird von der Unternehmensführung vorgenommen. Es handelt sich hierbei um eine Rahmenplanung in Hinsicht auf die Kapazitäten.

Kaum jemand erfindet heutzutage ein Produkt, das am Markt einen solchen Alleinstellungswert hat, dass es langfristig einen entscheidenden Marktvorteil erzielen kann. Das bedeutet, dass die Produktionsweise oder das Produkt an sich meist keinen Erfolgsfaktor darstellen. Deshalb muss ein besonderes Augenmerk auf andere Faktoren gelegt werden, die den Erfolg der Firma sicherstellen.

Folgende vier Fragen müssen Sie sich stellen, wenn Sie die Strategie Ihres Unternehmens planen möchten:

1. Welche Strategien verfolgt die Konkurrenz?

   ⇨ Analysieren Sie Ihre Konkurrenz und achten Sie dabei besonders auf die Strategien der konkurrierenden Betriebe. Wie versuchen sie, am Markt erfolgreich zu sein? Welche Philosophie verfolgen sie und wie könnte ihre Planung aussehen? Überlegen Sie sich anschließend, welche Punkte Sie sich abschauen und welche Unterschiede dazu führen könnten, sich von der Konkurrenz abzuheben und sich dadurch ein Alleinstellungsmerkmal zu schaffen.

2. Welche technischen Entwicklungen gibt es?

   ⇨ Welche Techniken sind in Bezug auf den Produktionsprozess Ihrer Produkte üblich? Welche Neuerungen, welche Maschinen und welche Produktionsprozesse gibt es, die Sie in Ihr Unternehmen einbinden könnten, um sich einen Vorteil zu verschaffen? Wenn Sie das Budget haben, um selbst in die Entwicklung zu investieren, dann müssen Sie sich gut überlegen, welche Ideen zukunftsträchtig sind.

3. Wie wird die Nachfrage in Zukunft aussehen?

⇨ Analysieren Sie, in welche Richtung sich die Gesellschaft bewegt. Kann es sein, dass Ihre Produkte in der Zukunft nicht mehr gefragt sein werden? Es gibt Produkte, die in der Vergangenheit hohes Ansehen genossen, aber aufgrund gesellschaftlicher Veränderungen mittlerweile keine Bedeutung mehr haben. Diese möglichen zukünftigen Bewegungen müssen Sie analysieren, um die besten Entscheidungen hinsichtlich Ihrer Produkte zu treffen. Möglicherweise müssen Sie eine neue Richtung einschlagen, um mit der Zeit zu gehen und den Entwicklungen am Markt nicht hinterherzuhinken.

4. Wie werden sich die Bedingungen auf dem Markt verändern?

⇨ Hierzu gehören zum Beispiel die Lieferanten, andere Marktteilnehmer, die Kunden und die gesetzlichen Rahmenbedingungen. Sie müssen alle Bereiche bis ins Detail analysieren, um Veränderungen vorhersehen und rechtzeitig Anpassungen vornehmen zu können. Ist es absehbar, dass Ihre Lieferanten in Zukunft höhere Preise fordern werden, weil ein Rohstoff knapp wird, den Sie zur Herstellung Ihrer Produkte benötigen? Dann ist es sinnvoll, wenn Sie bereits rechtzeitig nach Alternativen suchen.

Bei der Planung müssen die externen und die internen Faktoren betrachtet werden. Zu den externen Faktoren gehören beispielsweise die Konkurrenten, die Wünsche der Kunden oder die rechtlichen Rahmenbedingungen auf dem Markt. Sie können diese analysieren und bereits vorausschauende Vergleiche anstellen, allerdings haben Sie kaum direkten Einfluss auf diese Faktoren.

2.2.3 Die Organisation im Unternehmen

Bisher haben wir uns mit der Definition von Zielen beschäftigt sowie damit, Entscheidungen in Hinsicht auf die Philosophie des Unternehmens zu treffen. Nun geht es an die Ausführung, die letztlich den Unternehmenserfolg mit sich bringen wird.

Die einzelnen Abteilungen des Betriebs müssen möglichst effizient arbeiten und aufeinander abgestimmt werden. Wenn Sie gerade erst gegründet haben, arbeiten Sie vielleicht noch allein in Ihrer Firma. Trotzdem besteht das Unternehmen bereits aus mehreren Aufgabenbereichen und Sie müssen sie voneinander trennen, um effizient zu arbeiten. Sie teilen sich beispielsweise die Woche ein und kümmern sich montags und donnerstags um das Marketing, freitags um die Buchhaltung sowie dienstags und mittwochs um die Meetings, die Sie mit Kunden und Lieferanten abhalten müssen. Strukturen und Systeme helfen dabei, die Ziele zu erreichen und die eigenen Erwartungen zu erfüllen.

Wenn das Unternehmen wächst, kommen Mitarbeiter hinzu und spezielle Abteilungen entstehen. Nun bearbeiten Sie nicht mehr selbst alle Bereiche und Aufgaben im Unternehmen, sondern delegieren. So entsteht beispielsweise eine Unterteilung des Betriebs in Filialen, Teams, Projekte, Stellen oder Abteilungen.

- Aufbau- und Ablauforganisation

Auch wenn das Unternehmen organisch wächst und einzelne Produkte oder die Erweiterung der angebotenen Dienstleistungen nach und nach hinzukommen, müssen viele organisatorische Fragen vor Beginn der Arbeitsschritte beantwortet werden.

Die Aufbauorganisation beschäftigt sich mit der Frage nach dem Wer: „Wer bearbeitet welche Aufgaben?" Es wird herausgefunden, welche Arbeitsstellen eingerichtet werden müssen, um die Aufgaben optimal zu erledigen. Es werden Teams und Arbeitsgruppen gebildet und hierarchische Strukturen geschaffen. All dies dient dazu, die Zuständigkeit für bestimmte Abläufe zu klären. Die Ablauforganisation beschäftigt sich mit der Frage nach dem Wie: „Wie werden die Aufgaben bearbeitet?" Hierzu werden die Aufgaben in einzelne Arbeitsschritte unterteilt und dann in eine zeitliche und logische Reihenfolge gebracht. Um ein Produkt herzustellen, werden mehrere Arbeitsschritte in unterschiedlichen Abteilungen benötigt. In welchen Zeiträumen müssen die einzelnen Schritte verrichtet werden, damit eine reibungslose Produktion möglich wird? Am Anfang sind diese Strukturen noch recht grob, denn Sie sind vielleicht allein dafür zuständig, das Produkt fertigzustellen. Sie haben dies bereits sehr oft gemacht und wissen aus Erfahrung, welche Arbeitsschritte in welcher Reihenfolge verrichtet werden müssen, damit das Produkt perfekt wird. Umso mehr Mitarbeiter Sie anstellen, desto kleiner werden die Zuständigkeiten der einzelnen Angestellten. Ein Mensch ist dann nicht mehr dafür zuständig, die Einzelteile auszuschneiden, zu schleifen und zusammenzuschrauben. Er übernimmt nur noch die Aufgabe des Schneidens, ein anderer schleift und ein dritter schraubt die Einzelteile zusammen. Der Gesamtprozess ist nicht mehr so leicht zu überschauen. Hinzu kommt, dass die Arbeitskräfte aus verschiedenen Abteilungen nicht im direkten Austausch zueinander stehen. Die Arbeitsschritte müssen deshalb perfekt organisiert werden, damit sie wie die Zähne eines Zahnrads ineinandergreifen.

In der Aufbauorganisation wird die Struktur des Unternehmens erarbeitet. Kleine Unternehmen haben in der Regel flachere Hierarchien als große Unternehmen. In der Ablauforganisation wird dieses Gerüst mit den Details, den einzelnen Abläufen und Arbeitsschritten, ausgefüllt.

Die Stellenbeschreibung sollte für jede einzelne Arbeitsstelle im Unternehmen deutlich definiert und ausgearbeitet werden. In ihr stehen beispielsweise die genauen Aufgabenbereiche der angestellten Person. Die Zuständigkeiten werden geklärt, ebenso die Position in der Hierarchie der Firma. In der Beschreibung steht, wessen Arbeit die Person überprüfen muss und an wen sie ihre Berichte weiterzuleiten hat.

Die Organisation im Unternehmen sorgt dafür, dass die Angestellten in gleichen Situationen die gleichen Entscheidungen treffen. Umso strukturierter das Unternehmen ist, desto einheitlicher sind die Entscheidungen in schwierigen Situationen. Es geht darum, aus der Gesamtheit der Angestellten ein einheitliches Wesen zu formen. Geschieht dies nicht, so treffen die Angestellten Entscheidungen, die auf ihren individuellen Wertvorstellungen und Erfahrungen basieren, nicht jedoch das Interesse des Unternehmens vertreten. Durch eine gelungene Organisation verhalten sich die Mitarbeiter einheitlich, was nicht nur gut für das Image der Firma, sondern auch zeitsparend ist.

- Organigramm

Es handelt sich um die grafische Darstellung der Unternehmensstruktur. Bei kleinen Betrieben ist die Hierarchie relativ flach. Beispielsweise steht die Unternehmensführung ganz oben im Organigramm. Unter ihr befinden sich die einzelnen Abteilungen des Betriebs. Umso größer das Unternehmen ist, desto kom-

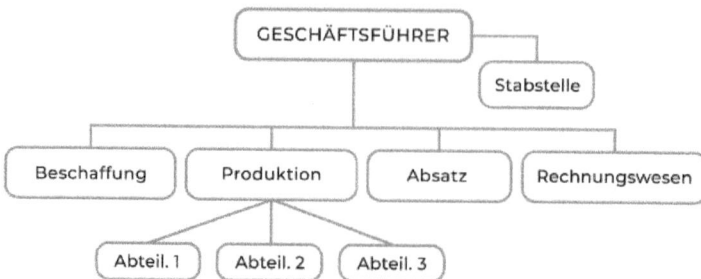

plexer ist das Organigramm. Die grafische Darstellung hilft den Angestellten jedoch, ein Gesamtbild über die Abläufe und Strukturen des Betriebs zu gewinnen.

2.2.4 Informationsprozesse im Unternehmen

Die Beschaffung und Auswertung von Informationen ist ebenfalls eine wichtige Aufgabe der Unternehmensführung. Die strategischen Entscheidungen aus der Anfangsphase der Firma basieren oft auf Annahmen und Vergleichen mit der Konkurrenz. Man hat bisher noch keine eigenen Erfahrungen machen können, denn das Unternehmen hat seine Tätigkeiten noch nicht begonnen. Aus diesem Grund konzentriert man sich auf die Analyse allgemeiner Berichte und stellt Prognosen auf, die auf den Erfahrungen der Konkurrenz basieren.

Während der unternehmerischen Tätigkeit kommen sehr viele eigene Erfahrungen hinzu. Die Entscheidungen der Unternehmensführung müssen auf Daten und Informationen aufbauen, sie sollten nicht aus einem reinen Bauchgefühl heraus getroffen werden. Die Informationen werden in den einzelnen Abteilungen beschafft und dann in der Hierarchie nach oben weitergeleitet. Bei größeren Unternehmen geschieht dies in mehreren Zwischenschritten, wobei die jeweilige Abteilungsleitung die Informationen bereits weiterverarbeitet und die Ergebnisse an die übergeordnete Abteilung weitergibt. Die Unternehmensführung eines großen Unternehmens hat nicht die zeitlichen Kapazitäten, um sich riesige Datensätze anzusehen. Sie muss Ergebnisse vorgelegt bekommen, die ihr bei der Entscheidungsfindung helfen.

Bei einem kleinen Unternehmen kann es durchaus sein, dass Sie alle Informationen in der Rohfassung bekommen und diese dann selbst auswerten müssen.

Die Beschaffung von Informationen ist für beinahe alle Bereiche des Betriebs überaus wichtig. So zum Beispiel für das Marketing, die Personalführung, die Produktentwicklung, die Prozessplanung oder die Preisfindung.

Denn die Entscheidungen, die getroffen werden, müssen auf Erfahrungswerten basieren. Am Anfang sind das vor allem die Erfahrungswerte Ihrer Konkurrenten, die Sie in Berichten finden und auswerten. Doch mit der Zeit sammeln Sie selbst immer mehr Erfahrungen und erhalten Werte, die auf Ihren eigenen Geschäftsprozessen basieren.

Bei der Entwicklung der Informationsmethoden müssen Sie mehrere Faktoren beachten.

Es werden hohe Ansprüche an die Informationsmethoden gestellt:

1. Genauigkeit: Die Informationen müssen genau sein, denn nur so können Sie Prognosen aufstellen und Entscheidungen treffen, deren Risiken Sie einschätzen können. Handelt es sich um ungenaue Werte, so können Sie keine realen Berechnungen durchführen, auf die Sie Ihre Entscheidungen stützen können.

2. Auswertbarkeit: Nehmen wir an, Sie möchten herausfinden, wie Ihre Kunden den Service der Firma finden. Hierfür stellen Sie einen kurzen Fragebogen zusammen. Die Fragen müssen eindeutig zu beantworten sein, am besten mit ja/nein oder einer Punktevergabe für die verschiedenen Bereiche des Service. Verwenden Sie stattdessen Fragen, die offen beantwortet werden müssen, so stehen Sie am Ende mit unzähligen verschiedenen Meinungen da, die Sie nicht auswerten können. Sie benötigen ein System, nach welchem Sie die Antworten der Kunden eindeutig zuordnen können.

3. Geringer bürokratischer Aufwand: Der bürokratische Aufwand sollte gering sein. Sie nehmen sich vor, die Arbeit

Ihrer Angestellten besser zu überprüfen, um Informationen rund um den Produktionsprozess des Unternehmens zu sammeln. Die Berichte, die hierfür ausgefüllt werden müssen, sind allerdings so umfangreich, dass Sie eine weitere Person einstellen müssten, um sie auszuwerten. Der Aufwand kann durch den Nutzen, der durch die Beschaffung der Informationen entsteht, nicht legitimiert werden.

4. Aktualität: Veraltete Daten sind wahre Stolpersteine. Die Informationen, die Ihren Überlegungen zu Grunde liegen, müssen aktuell sein. Konzentrieren Sie sich unbedingt auf die Datensätze, welche die neuesten Erfahrungen des Unternehmens widerspiegeln. Auf diese Weise können Sie die Firma spontan an Veränderungen des Marktes oder der Kunden anpassen.

5. Vollständigkeit: Umso mehr Informationen Sie erhalten, desto umfassender ist der Einblick, den Sie gewinnen. Mit unvollständigen Datensätzen lassen sich nur sehr unzuverlässige Analysen durchführen. Es ist so gut wie unmöglich, gute Entscheidungen zu treffen oder zuverlässige Prognosen aufzustellen.

6. Vertretbare Kosten: Die Beschaffung von Informationen, die der Analyse und Entscheidungsfindung innerhalb des Unternehmens dienen, ist selbstverständlich mit Kosten verbunden. Sie müssen jedoch darauf achten, dass diese vertretbar sind und zum Budget der Firma passen. Sonst befinden sich Kosten und Nutzen der Informationsbeschaffung nicht im Gleichgewicht.

7. Transparenz: Die Daten müssen zurückverfolgt werden können. Sie als Unternehmensführer erhalten die Informationen bereits gefiltert, dennoch muss es für Sie möglich sein, bei Fragen die Ausgangsinformationen ausfindig zu machen.

2.3 Controlling

Controlling ist die Zusammenführung aller Kernaufgaben der Unternehmensführung. Es werden unterschiedliche Maßnahmen ergriffen, deren Sinn darin besteht, die einzelnen Bereiche des Unternehmens zu koordinieren und aufeinander abzustimmen, sodass die Unternehmensziele optimal erreicht werden können.

Dabei werden zwei Bereiche des Controllings unterschieden:

a) Die Aufgabe, zwischen den Führungsteilsystemen des Unternehmens zu koordinieren: Die Beziehungen zwischen den einzelnen Abteilungen des Unternehmens werden erkannt, analysiert und schließlich optimiert.

b) Die Aufgabe, innerhalb der verschiedenen Führungssysteme des Unternehmens zu koordinieren. Planung, Kontrolle, Organisation, Information und Personalführung müssen in jeder Abteilung koordiniert werden.

Das Controlling ist einzigartig, denn innerhalb des Unternehmens gibt es keinen anderen Teilbereich, der vergleichbare Aufgaben erfüllt. Die komplexen Funktionen des Controllings lassen sich in drei Arten unterteilen:

1. Die Funktion der Anpassung und Innovation: In diesem Zusammenhang wird betrachtet, wie das Unternehmen mit seiner Umwelt agiert. Verändern sich die Anforderungen des Marktes, so entscheidet die Anpassungsfähigkeit über den Erfolg des Unternehmens. Ein Hersteller von Getränken erkennt, dass die Kunden in letzter Zeit deutlich stärker auf die Inhaltsstoffe der Getränke achten. Er passt sich den neuen Wünschen der Kunden an und produziert nun Getränke, die den neuen Anforderungen entsprechen. Das Unternehmen bleibt wettbewerbsfähig und seine Absatzzahlen sinken nicht. Die Innovation sieht

zukünftige Veränderungen der Unternehmensumwelt voraus und beschäftigt sich damit, frühzeitig nach Lösungen zu suchen und notwendige Veränderungen vorzunehmen. Die Schritte, die im Bereich der Anpassung und der Innovation umgesetzt werden müssen, werden von den zuständigen Stellen des Unternehmens durchgeführt. Der Impuls muss jedoch von der Unternehmensführung ausgehen und findet im Rahmen des Controllings statt. Denn nur durch gezielte Veränderungen im Führungssystem kann die reibungslose Arbeit in der Abteilung von Forschung und Entwicklung gewährleistet werden.

2. Die Zielausrichtungsfunktion ist größtenteils selbsterklärend, trotzdem jedoch eine wichtige Funktion des Controllings. Der Begriff bedeutet, dass die Unternehmensführung stets die zentralen Ziele des Unternehmens im Auge behalten muss. Jede Entscheidung, die getroffen wird, muss auf das Erreichen der Firmenziele ausgerichtet werden.

3. Die Unterstützungsfunktion sowie die Servicefunktion gehören zu den zentralen Elementen des Controllings. Es ist Aufgabe des Controllers, das Management des Betriebs zu beraten. Welche strategischen Instrumente sollten zur Planung verwendet werden? Welche Informationen müssen zu welchem Zeitpunkt in welchem Umfang bereitgestellt werden, damit das Management strategisch planen kann?

2.3.1 Die wertorientierte Unternehmensführung

In der Betriebswirtschaftslehre wird davon ausgegangen, dass das Ziel eines Unternehmens darin besteht, die Gewinne langfristig zu maximieren. Die Planung dient dazu, die Handlungsalternativen herauszuarbeiten, zu vergleichen und sich schließlich mit der Umsetzung der erfolgversprechendsten Alternative zu beschäftigen. Dic Kontrolle dient der Überprüfung. Es soll herausgefunden werden, ob die geplanten Ziele erreicht werden oder möglicherweise Veränderungen vorgenommen werden müssen.

Die wertorientierte Unternehmensführung entfernt sich vom ursprünglichen Ansatz der Gewinnmaximierung und erweitert den Grundgedanken. Das Ziel des Unternehmens ist nun die Maximierung des Shareholder Value.

Was bedeutet das?

Bei diesem Modell wird der Einfluss von Fremdkapital vollständig unbeachtet gelassen. Der Unternehmer führt den Betrieb, in dem er ausschließlich Eigenkapital gebunden hat. Er trägt das Risiko der Geschäftstätigkeit und wenn seine Firma schlechte Entscheidungen trifft, verliert er sein Kapital. Dem Modell zufolge vergleicht der Unternehmer die Gewinne des Unternehmens mit den Gewinnen, die er durch eine alternative Kapitalanlage seines Vermögens erzielen würde.

Ein Unternehmer ist dazu bereit, das unternehmerische Risiko zu tragen, wenn die Gewinne des Unternehmens über den Zinsen liegen, die er durch eine Anlage des Geldes erhalten würde.

Der Shareholder Value ist der Wert des Eigenkapitals.

Es ergibt sich folgende Indifferenzgleichung:

$$K*I = E-A$$

K = Kapital des Unternehmens
I = Zins bei Kapitalanlage
E = Einnahmen des Unternehmens
A = Aufwand des Unternehmens

Das Hauptziel des Unternehmers besteht darin, Entscheidungen so zu treffen, dass das Eigenkapital im Unternehmen höhere

Gewinne erzielt, als es bei einer alternativen Kapitalanlage der Fall wäre. Standortwahl, Wahl der Rechtsform und andere wichtige Entscheidungen hängen von diesem Grundsatz ab.

2.3.2 Die Budgetierung im Unternehmen

Die Budgetierung ist eine Form der Dezentralisierung. Sie wird im Unternehmen meist bei Aufgaben eingesetzt, deren Ziele zwar klar sind, für die aber keine feste Lösungsstruktur vorliegt.

Die einzuhaltende Vorgabe ist ein festgelegtes Budget. Hält der zuständige Mitarbeiter diese Vorgabe ein, kann er sich bei der Bearbeitung der Aufgaben sehr frei bewegen. Es gibt verschiedene Formen der Budgetierung, die in einem Unternehmen eingesetzt werden können.

a) Der Ausgabenrahmen muss eingehalten werden: Projekt A darf vom Mitarbeiter relativ frei ausgearbeitet werden, ohne dabei aber die vorgegebene Höhe an Ausgaben zu überschreiten.

b) Mindesteinnahmen müssen erzielt werden: Durch die Umsetzung des Projekts B müssen Einnahmen in Höhe von X entstehen. Desto weiter diese Vorgabe überschritten wird, umso besser.

c) Es muss ein vorgegebener Mindestdeckungsbeitrag erzielt werden: Die Zusammenstellung der Dienstleistung C muss bei ihrer Buchung durch den Kunden einen Mindestdeckungsbeitrag erzielen.

Die Budgetierung erfüllt im Unternehmen verschiedene Zwecke. Während der Planung unterstützt die Vorgabe eines Budgets dabei, die zukünftige Unternehmensentwicklung festzulegen. Werden den einzelnen Abteilungen Budgets vorgegeben, so koordinieren sic untereinander, wie sie sich optimal aufeinander abstimmen können. Engpässe werden dadurch schneller erkannt und es wird zeitnah nach Lösungen gesucht. Die Vorgabe des Budgets soll die Mitarbeiter anspornen. Sie können ihre Erfolge besser messen und wenn die festgesteckten Ziele übertroffen werden, dann gibt es verschiedene Möglichkeiten, diese Erfolge zu belohnen. Durch die genaue Budgetierung fällt es leichter, Planabweichungen zu erkennen und frühzeitig Maßnahmen einzuleiten, um die Ziele doch noch zu erreichen.

3. Produktion und Produktionsplanung

Güter sind werthaltige Sachen, die wichtige Grundelemente der Betriebswirtschaft darstellen und in sämtlichen betrieblichen Prozessen eine Rolle spielen. Auf der Outputseite sind Güter Teil der Produktion, auf der Inputseite dienen Güter der Versorgung der Produktion.

3.1. Produktionsfaktoren und Produktentwicklung

Auch im Teilbereich der Produktion betreffen alle Fragestellungen oder Entscheidungen die Güter. Neben der bereits bekannten Einteilung in materielle und immaterielle Güter werden Güter hier auch als Produktionsfaktoren betrachtet. Unter die Produktionsfaktoren fallen folgende Bereiche und Elemente:

- Dispositive Faktoren: Planung, Organisation, Leitung (Führung)

- Elementarfaktoren: menschliche Arbeit, Betriebsmittel, Werkstoffe

    o Die menschliche Arbeit wird durch verschiedene Faktoren geprägt, insbesondere die Qualifikation, die Motivation sowie die Arbeitsbedingungen.

    o Zu den Betriebsmitteln zählen Anlagen, Maschinen, Gebäude, Grundstücke, Werkzeuge, Vorrichtungen, Messgeräte, Verkehrs- und Fördermittel

○ Werkstoffe werden unterteilt in Rohstoffe, Hilfsstoffe und Betriebsstoffe. Rohstoffe sind die Hauptbestandteile des Produktes. Hilfsstoffe sind wertvolle Nebenbestandteile. Betriebsstoffe sind nicht Bestandteil des Produktes, werden aber dennoch für die Produktion benötigt (etwa Energie oder Reinigungsmittel).

Zudem werden die materiellen Güter nicht von der Outputseite gesehen, also wie sie verkauft werden können, sondern von der Inputseite, also wie sie in die Produktion einfließen. Daraus folgt eine andere Einteilung als in anderen Unternehmensbereichen:

● Immaterielle Güter: Dienstleistungen, Rechte, digitale Güter

● Materielle Güter: Hier wird zwischen ungeformten und geformten materiellen Gütern unterschieden. Geformte Güter können zweidimensional oder dreidimensional geformt sein. Zu den dreidimensional geformten Gütern zählen Stückgüter, also Güter, die zur Mengenerfassung gezählt werden. Zweidimensionale Güter werden im Hinblick auf Ihre „Stückgutfunktion" als unendlich angesehen, weshalb sie nicht gezählt werden können. Bei zweidimensionalen Gütern handelt es sich um Fließgüter wie Fäden, Drähte, Papierbahnen, Kunststoff, Metall, Schläuche etc. Die Unterscheidung kann mit folgender Eselsbrücke vereinfacht werden: Fließgüter sind dosierbar, Stückgüter sind zählbar. Hinzu kommen die ungeformten Güter, die als Schüttgüter bezeichnet werden. Dabei handelt es sich beispielsweise um Erde, Sand, Mahlgut oder sonstige Kleinteile, die typischerweise nicht einzeln, sondern lose in den Produktionsprozess einfließen. Die Menge wird über Gewichtsmaße oder Volumen bestimmt.

Die nachfolgende Tabelle zeigt die produktionstypische Unterteilung von Gütern im Überblick.

Immaterielle Güter	vs.	Materielle Güter	
Dienstleistungen Rechte digitale Güter		Ungeformt	Geformt
		Schüttgüter	Fließgüter (zweidimensional, dosierbar) & Stückgüter (dreidimensional, zählbar)

Alle genannten Produktionsfaktoren und Güter fließen im sogenannten Produktionsmodell in die Produktion ein. Am Ende der Produktionskette stehen zum einen das Produkt und zum anderen die Entsorgungsgüter. Die Entsorgungsgüter entstehen im Zuge der Produktion, sind aber nicht erwünscht und stören, sodass sie möglichst vermieden werden müssen.

Die Produkterstellung ist also der Wesenskern des Produktionsprozesses, Produkte stellen das Endergebnis dieses Prozesses dar. Sie werden nach ihrer Erstellung auf dem Absatzmarkt als Güter angeboten. Um das Interesse der Kunden zu gewinnen, ist es notwendig, interessante, neuartige, innovative Produkte anzubieten. Diese werden im Zuge der Produktinnovation entwickelt:

1. An erster Stelle steht hier die Produktidee. Hierbei wird das gewünschte Produkt definiert, anschließend wird der Entwicklungsauftrag festgelegt.

2. Hier wird zwischen Produktentwicklung, also der Konstruktion neuer Produkte, und Prozessentwicklung, also der Produkterprobung unterschieden.

3. Nach der Erstellung des Produkts im Produktionsprozess folgt die Produkteinführung am Markt. Hier müssen die Bereiche Produktion und Marketing sich abstimmen.

4. Auch das Controlling bzw. die Berechnung der Entwicklungs- und Produktionskosten spielt hier eine tragende Rolle. Aufwendige Entwicklungsprojekte von Produkten verursachen verschiedene Kosten. Hier sind nicht nur Innovationskosten zu berücksichtigen, sondern auch Reproduktionskosten.

Auf den letzten Punkt wird im Kapitel „Produktionskosten berechnen" genauer eingegangen.

3.2. Produktionsplanung

Die Produktion kann aus organisatorischer Sicht als Produktionssystem betrachtet werden, das aus Menschen und Betriebsmitteln besteht. Menschen und Betriebsmittel bilden Produktiveinheiten, also Arbeitsplätze. Die Aufgabenzuordnung in der Produktionsplanung bestimmt die Arbeitsteiligkeit des Produktionssystems.

In der Produktionsplanung wird zwischen verschiedenen Prozess- und Produktionstypen unterschieden. Prozesse sind Abläufe, die aus zusammenhängenden Vorgängen (Inputs) bestehen und zu einem Ergebnis (Output) führen.

- Sind Input und Output messbar, handelt es sich um einen Geschäftsprozess.

- Hier wird zwischen einmaligen und sich wiederholenden Prozessen unterschieden. Organisatorisch betrachtet handelt es sich bei Geschäftsprozessen in der Regel um sich wiederholende Prozesse, die sich zu einer Prozesskette zusammenschließen. Die Prozesskette dient der Herstellung und Vermarktung von Produkten oder Dienstleistungen.

- Prozesse können des Weiteren stabil oder instabil sein. Handelt es sich um stabile Prozesse, so können diese immer gleich und mit demselben Ergebnis wiederholt werden. Dies ist bei instabilen Prozessen nicht möglich.

- Es wird außerdem zwischen einstufigen und mehrstufigen Prozessen unterschieden. Diese hängen von der eingesetzten Technik ab.

- Glatte Prozesse laufen linear und direkt, sie haben *einen* Ausgangspunkt und *ein* Ziel. Konvergierende Produktionsprozesse verbinden hingegen mehrere Inputgüter zu einem Produkt, während divergierende Prozesse einen Ausgangspunkt mit mehreren Zielen (Produkten, Ergebnissen) verbinden.

Die Produktionsplanung betrachtet vor dem Hintergrund dieser verschiedenen Prozesse alle Organisationstätigkeiten und unterscheidet dabei zwischen Verrichtungs- und Objektorientierung:

- Die Verrichtungsorientierung führt in der Produktion zur Werkstattfertigung. In der organisatorischen Einheit „Werkstatt" wird verfahrensspezialisiert geplant und gearbeitet. Das bedeutet, dass gleiche oder sehr ähnliche technische Verfahren in einer Werkstatt zusammengefasst werden.

- Die Objektorientierung richtet sich hingegen am Objekt „Produkt" aus und plant und organisiert produktspezifisch. Dabei bestimmt die produktspezifische technische Bearbeitungsreihenfolge die Anordnung der Produktiveinheiten.

Dabei handelt es sich um die beiden Grundtypen der Produktionsplanung. Tatsächlich haben sich in der Praxis zahlreiche, vielfältige Organisationsformen entwickelt, die nicht mehr strikt zwischen Fließ- und Werkstattfertigung unterscheiden. Dies wird als Gruppenfertigung bezeichnet. Formen der Gruppenfertigung sind beispielsweise Fertigungsinseln oder flexible Fertigungssysteme.

Im Zusammenhang mit den drei genannten Produktionsformen muss die Arbeitsstrukturierung geplant werden. Dabei geht es um die Frage, wie Arbeitsinhalte aufgeteilt und nicht zuletzt auch aufgewertet werden können. Gleichzeitig müssen natürliche, ganzheitliche Arbeitsabläufe erreicht werden, um die Produktionsmitarbeiter nicht bloß als Einheiten, sondern als denkende Menschen einzubeziehen. Möglichkeiten der Arbeitsstrukturierung sind die folgenden:

- Jobenlargement: Erweiterung des quantitativen Arbeitsumfangs (Beispiel: 18 statt 12 Handgriffe).

- Jobenrichment: Erweiterung des qualitativen Arbeitsumfangs (Beispiel: 15 Handgriffe und zusätzliche eigenständige Überprüfung bestimmter Faktoren)

- Jobrotation: Systematischer Wechsel der Arbeitsplätze (Beispiel: Wechsel alle zwei Stunden)

- Gruppenarbeit: Gründung selbstgesteuerter Arbeitsgruppen mit fünf bis 12 Mitarbeitern

Auf Basis dieser Faktoren werden in der Produktionsplanung nun folgende fünf Aufgabenkomplexe übernommen:

- Programmplanung: Festlegung des Outputs im Produktionssystem

- Mengenplanung: Festlegung des Inputs im Produktionssystem

- Termin- und Kapazitätsplanung: Zeitliche Planung des Produktionsprozesses

- Auftragsveranlassung: Organisatorische Umsetzung der Planung

- Auftragsüberwachung: Richtige Durchführung der Produktionsprozesse und Auftragssicherung

Das Zusammenspiel der genannten Aufgabenbereiche ist in der nachfolgenden Tabelle dargestellt.

Auftragsveran-lassung ←	Produktionsplanung	← Auftragsüberwa-chung
	↑ ↓	
Input →	Produktion	→ Output

Nach dem dargestellten Regelkreis gibt die Auftragsveranlassung den Impuls für den Produktionsprozess mit allen Aufgaben und Teilprozessen. Die Auftragsüberwachung schließt den Regelkreis ab, indem sie prüft, ob die Produktionsprozesse plangerecht durchgeführt wurden und welche Abweichungen eventuell eingetreten sind.

3.3. Fertigung

Die Fertigung beschreibt den Prozess der Leistungserstellung innerhalb eines Industriebetriebes. Der Fertigung kommt eine große Bedeutung zu, weil dort die wesentliche Wertschöpfung eines Unternehmens vollzogen wird. Mit der Fertigung wird zum einen ein industrieller/handwerklicher Produktionsprozess beschrieben, zum anderen aber auch die Abteilung in einem Betrieb, in der der Produktionsprozess abläuft.

Oft werden die Begriffe Fertigung und Produktion synonym verwendet, allerdings besteht ein feiner Unterschied:

- Die Fertigung hat in Abgrenzung zur Produktion keinen erzeugenden, sondern einen zusammenbauenden Charakter.

- Sie umfasst einzig und allein den Betriebsprozess der Zusammenführung verschiedener Produktionsfaktoren.

Durch das Zusammenspiel Input → Transformation → Output wird in der Fertigung Wertschöpfung erzeugt. Zieht man die im Kapitel „Produktionsfaktoren" beschriebene Unterteilung in dispositive Faktoren vs. Elementarfaktoren heran, betrifft die Fertigung vorwiegend die internen Elementarfaktoren. Diese befinden sich im unmittelbaren Einflussbereich eines Unternehmens und sind dementsprechend bedeutend. Besonders wichtig in der Fertigung ist das Material, sohin Roh-, Hilfs- und Betriebsstoffe, sowie der Standortfaktor Energie. Der Fertigungsprozess aus betriebswirtschaftlicher Sicht ist in der nachfolgenden Tabelle dargestellt.

Beschaffung	Fertigung	Absatz
Input →	Transformation	→ Output
Betriebsmittel *Werkstoffe* *Arbeit*	*Leistungserstellung*	*Produkte* *Dienstleistungen*
↓	↓	↓
Materialwirtschaft	Produktionswirtschaft	Absatzwirtschaft

Die Fertigung ist also das Bindeglied zwischen Beschaffung und Absatz. Sie bildet den Kernbereich der Wertschöpfung eines Unternehmens, der sich mit folgender Formel darstellen lässt:

$$Wertschöpfung = Erlöse - Vorleistungen$$

Bestimmungsgrößen für die optimale Wertschöpfung sind: minimale Durchlaufzeiten, Qualität, Wirtschaftlichkeit, Produktivität, Flexibilität.

Diese werden wiederum beeinflusst von der Fertigungstechnik. Dabei handelt es sich um materielle und/oder technische Mittel und Vorgänge, die der Herstellung von Gütern dienen. Dazu zählen die folgenden vier Techniken:

- Fertigungsverfahren (Beispiel: Gießen, Fräsen, Bohren)
- Fertigungsmittel (Beispiel: Werkzeuge, Vorrichtungen)
- Fertigungseinrichtungen (Beispiel: Maschinen)
- Fertigungsstoffe (Beispiel: Einsatzstoffe)

Die Fertigung kann sich auf drei verschiedene Vorgänge beziehen, die in der DIN 8580 normiert sind: Schaffung der Form eines Körpers, Veränderung der Form eines Körpers, Veränderung der Stoffeigenschaften eines Körpers. Nach DIN 8580 lassen sich außerdem verschiedene Fertigungsgruppen unterscheiden, die in der nachfolgenden Tabelle dargestellt sind.

Verfahren	Urformen	Umformen	Trennen
	z. B. Gießen, Vakuumguss etc.	z. B. Biegen, Drücken, Walzen etc.	z. B. Sägen, Bohren, Fräsern, Drehen etc.
Verfahren	Fügen	Beschichten	Stoffeigenschaft ändern
	z. B. Schweißen, Löten, Kleben etc.	z. B. Lackieren, Verzinken etc.	z. B. Härten, Vergüten, Glühen etc.

3.4. Produktionskosten berechnen

Die Berechnung der Produktionskosten ist ein wesentlicher Teilbereich der Unternehmens- und Prozessplanung und lässt sich dem Controlling zuordnen. Produktionscontrolling bedeutet in diesem Zusammenhang die ganzheitliche Planung, Abrechnung, Analyse und Steuerung des Produktionsprozesses. Das Controlling ist die Entscheidungsvorbereitung für die Durchführung des Produktionsprozesses und nimmt damit eine wesentliche Planungsaufgabe ein. Die Zielsetzung des Produktionscontrollings ist die Informationsversorgung des Produktionsmanagements. Aus operativer Perspektive beschäftigt sich das Produktionscontrolling mit der laufenden Überwachung der Wirtschaftlichkeit des Produktionsbereichs. Dabei ist es stets das Ziel, einen effizienten und erfolgreichen Betrieb sicherzustellen.

Neben der Funktion der Informationsversorgung ist es insbesondere auch die Koordinationsfunktion, die das Produktionscontrolling ausmacht. Ebenso kommt diesem Teilbereich eine Planungs- und Steuerungsfunktion zu.

Um diese zahlreichen Funktionen zu meistern, existieren im Produktionscontrolling zahlreiche Instrumente. Zu den wichtigsten zählen die folgenden:

- Dynamische Projektrechnungen für strategische Fragen
- Nutzwertanalysen für qualitative Bewertungen
- Teilkostenrechnung für die Optimierung der Fertigung und Produktion
- Plankostenrechnung
- Steuerung des Ressourceneinsatzes

Diese Instrumente werden nachfolgend genauer beschrieben:

Bei der **Dynamischen Projektrechnung** geht es im Wesentlichen um die Suche nach der „richtigen" Produktion. Der Fokus liegt dabei auf strategischen Fragen im Hinblick auf den Fertigungsstandort, die Fertigungstechnologie oder die Fertigungstiefe und -konzepte. Hierfür werden Instrumente des Investitionscontrollings angewendet, weil bei der Produktion und Fertigung Investitionen und Desinvestitionen (etwa für die Stilllegung von Fertigungsanlagen) anfallen. Dementsprechend müssen in diesem ersten Schritt des Produktionscontrollings folgende Werte bzw. Parameter bekannt sein und in einem Projektsteckbrief eingetragen werden:

- Projektbeschreibung und Einsatzgebiet
- Betrachtungsdauer
- Ausgaben insgesamt
- Einnahmen insgesamt
- Kapitalkostensatz
- Kapitalaufwand und Kostenaufwand
- Personelle Auswirkungen

Es handelt sich sohin um einen ersten Überblick. Weitere konkrete Zahlen oder Kennzahlen werden mit Hilfe weiterer Instrumente berechnet.

Im Rahmen des Produktionscontrollings werden auch qualitative Bewertungsinstrumente immer wichtiger, weil viele Aspekte der Fertigungsplanung sich kaum oder gar nicht monetär bewerten lassen. Zu diesen Instrumenten zählt etwa die **Nutzwertanalyse** für qualitative Bewertungen. Dabei wird wie folgt vorgegangen:

- Das Unternehmen erstellt einen Kriterienkatalog.

- Für alle Kriterien wird eine individuell zu definierende dimensionslose Skalierung vorgesehen (beispielsweise ein Wert zwischen 1 und 10).

- Mit Hilfe dieser Kriterien wird der Nutzen einer betrachteten Handlungsalternative bewertet.

- Die Bewertung wird durch ein Expertenteam durchgeführt. Der Fokus liegt immer auf der Suche nach dem optimalen Fertigungskonzept.

Ein Beispiel für eine solche Nutzwertanalyse ist in der nachfolgenden Tabelle dargestellt.

Fertigungskonzept:	Gewichtung	Werkstatt	Fließband
Bewertungskrite-rien		ungewichtet gewichtet	ungewichtet gewichtet
Investitionssumme	1,2	8 9,6	4 4,8
Kapitalkosten	1,2	8 9,6	3 3,6
Qualifikation Mitarbeiter	0,8	4 3,2	7 5,6
Lohnstückkosten	1,2	2 2,4	8 9,6
…			
Wertzahl / Summe			

Wird berücksichtigt, dass das fertigungswirtschaftliche Ziel stets die möglichst kostengünstige und flexible Produktion ist, müssen entsprechende Kriterien gewählt und passend gewichtet werden. Auch die Bewertung alternativer Konzepte ist denkbar. Das Ergebnis der Analyse ist eine gewichtete Wertzahl, die einen Indikator dafür darstellt, welche Entscheidung getroffen werden sollte. Es handelt sich um ein höchst subjektives Bewertungsinstrument, das jedoch für die Entscheidungsfindung sehr nützlich sein kann.

Es gibt Überlegungen in der Produktionsrechnung, die sowohl strategischer als auch taktisch-operativer Natur sind und daher sowohl unter die langfristige als auch die mittel- und kurzfristige Planung fallen. Zu solchen Überlegungen zählt allen voran die Frage der optimalen Fertigungstiefe. Diese muss einerseits (strategisch) zu Beginn der Fertigung festgelegt werden. Andererseits gibt es auch regelmäßig mittel- und kurzfristige Anstöße für eine Veränderung der Fertigungstiefe (beispielsweise Konjunktur, Saison etc.). Zwei Instrumente der strategisch-langfristigen Berechnung wurden zuvor vorgestellt. Ein Instrument der kurzfristigen Berechnung ist die **Teilkostenrechnung** für die Optimierung der Fertigung und

Produktion. Hier werden entscheidungsrelevante variable Kosten mit dem Fremdbezugspreis verglichen. Variable Kosten sind jene Kosten im Produktionsprozess, die von der Menge der produzierten Güter abhängen, beispielsweise Roh-, Hilfs- und Betriebsstoffe. Fixkosten hingegen entstehen im Produktionsprozess unabhängig von der Produktionsmenge. Sie fallen immer in gleicher Höhe an. Zu ihnen zählen beispielsweise Miete, Strom, Löhne. Bei der Teilkostenrechnung werden nun die variablen Herstellkosten mit dem Fremdbezugspreis verglichen, es geht sohin im Wesentlichen um die Frage Selbstherstellung vs. Fremdbezug. Ist es günstiger, Fertigungsteile von einem Lieferanten zuzukaufen, ist dies der Eigenfertigung vorzuziehen. Bei der Teilkostenrechnung werden die Kosten nach ihrer Verrechnung unterschieden:

- Einzelkosten: Kosten, die jedem angefertigten Gut direkt zugerechnet werden können, beispielsweise Fertigungsmaterial oder Fertigungslöhne.

- Gemeinkosten: Kosten, die sich nur gemeinsam für den gesamten Produktionsprozess erfassen lassen, beispielsweise Instandhaltungen, Gehälter der Geschäftsleitung, Werbekosten etc.

- Sondereinzelkosten: Kosten, die für Sonderkonstruktionen anfallen, etwa Verpackung oder Transport.

Die Formel der Teilkostenrechnung ist in der nachfolgenden Tabelle dargestellt.

	Verkaufserlös
-	Werkstoffkosten
-	Fertigungslöhne
-	Gemeinkosten
=	**Deckungsbeitrag**
-	Fixkosten
=	**Gewinn**

Die **Plankostenrechnung** ist ein weiteres Instrument des kurzfristig-operativen Produktionscontrollings. Sie ist der Überbegriff
für verschiedene Kostenrechnungssysteme, in denen Kosten
und Erlöse für eine bestimmte Planperiode im Voraus festgelegt werden. Auch in der Plankostenrechnung wird zwischen
Einzel- und Gemeinkosten unterschieden. Auf alle Instrumente
der Plankostenrechnung einzugehen, würde über die Grundlagen
der BWL hinausgehen und den Umfang dieses Buches spren-
gen. Aus diesem Grund soll an dieser Stelle nur der Ablauf der
Kostenplanung im Überblick dargestellt werden:

- Die Kostenplanung wird auf der Ebene einzelner Kostenstellen durchgeführt.

- Ein Kostenstellenplan wird bei der jährlichen Unter-
nehmensplanung erstellt bzw. überarbeitet.

- Auf Basis dieses Plans werden Bezugsgrößen für die einzelnen Kostenstellen festgelegt. Eine Bezugsgröße ist der für
eine Kostenstelle gewählte Maßstab der Kostenverursachung.
Im nächsten Schritt wird die Planbeschäftigung pro Bezugsgröße und Kostenstelle ermittelt. Beispielsweise wird
für die Kostenstelle Endmontage eine Leistung von 500
Maschinenstunden pro Monate als Bezugsgröße festgelegt.
An dieser Größe haben sich alle weiteren Berechnungen zu
orientieren. So wird für jede einzelne Kostenstelle vorgegangen.

- Anschließend werden die in den Kostenstellen anfallenden Gemeinkosten geplant, nach einzelnen Kostenarten
differenziert und ihre fixen und variablen Anteile berechnet.

- Abschließend werden die Plankalkulationssätze ermittelt. Dies geschieht, indem die Plangemeinkosten (ge-
samt und variabel) durch die Planbeschäftigung dividiert
werden.

Auf die verschiedenen Kostenrechnungsarten wird im Kapitel „Kostenrechnung" gesondert eingegangen.

Im Produktionsprozess sind viele verschiedene Faktoren zu berücksichtigen. Alle Faktoren beeinflussen den Ressourceneinsatz und damit die anfallenden Kosten. Um einen optimalen **Ressourcenbedarf** zu bestimmen, ist es notwendig, verschiedene Planungsrechnungen durchzuführen. Die Steuerung des **Ressourceneinsatzes** kann durch folgende Faktoren bestimmt werden:

- Steuerung des Materialeinsatzes: Das Instrument zur Steuerung des Materialeinsatzes ist die Materialbedarfsplanung, die der Optimierung der in der Fertigung vorhandenen Bestände dient. Dabei kommt die Teilkostenrechnung zum Einsatz, um eine Entscheidung darüber treffen zu können, ob Eigenproduktion oder Fremdbezug sinnvoller sind. Auch die Bedarfsermittlung, also die Gegenüberstellung von Bruttobedarf und Materialbestand, fällt hierunter. Ergebnis dieser Gegenüberstellung ist der Beschaffungsbedarf (Nettobedarf).

- Steuerung des Anlageneinsatzes: Anlagespezifische Kennzahlen liefern Informationen über die technische Maximalkapazität, die verfügbare Kapazität und die genutzte Kapazität von Anlagen. Zu diesen Kennzahlen zählen beispielsweise der Verfügbarkeitsgrad, der Nutzungsgrad und der Auslastungsgrad. Diese Kennzahlen werden regelmäßig auf Plan-Ist-Abweichungen hin untersucht. Diese Vergleiche geben Hinweise auf die Effizienz der Anlagen.

- Steuerung des Personaleinsatzes: Anhand einer Personalbedarfs- oder Beschäftigungsrechnung müssen die vorhandenen Personalkapazitäten mit dem zu erwartenden Personalbedarf abgeglichen werden. Die Vorgehensweise wird in der nachfolgenden Tabelle veranschaulicht.

Personalbestand		Personalbedarf
Personalkapazität zum 1. eines Monats		Bedarf an Fertigungsarbeitern einer Periode =
Fokus auf: Jahresdurchschnitt, direkte vs. indirekte Mitarbeiter, Vollzeit- vs. Teilzeitmitarbeiter		Produktionsmenge x Fertigungszeit / durchschnittliche Anwesenheit pro Mitarbeiter
→ Personalkapazität	> Personalüber-/ unterdeckung <	→ Personalbedarf

Die Anzahl der verfügbaren Mitarbeiter ergibt sich aus der Personalstatistik. Dort ist der aktuelle Personalstand erfasst. Sie muss zudem für einen Prognosezeitraum von drei bis sechs Monaten geschätzt werden.

3.5. Logistik

Logistik umfasst die Planung, Gestaltung und Steuerung der Material-, Waren- und Informationsflüsse vom Lieferanten durch das Unternehmen bis hin zum Kunden. Ziel ist es, die Wettbewerbsfähigkeit des Unternehmens zu sichern bzw. zu steigern.

- Funktional kann die Logistik als Lager- und Transportwirtschaft betrachtet werden.

- Sie hat aber auch eine bereichs- und unternehmensübergreifende Koordinationsfunktion, die alle Güterflüsse innerhalb einer Wertschöpfungskette betrachtet.

- Gestaltungsfelder der Logistik sind (1) Raumüberwindung, (2) Zeitverbrauch und Zeitüberbrückung, (3) Disposition der Mengen und Termine, (4) Wertschöpfungsoptimierung.

Die **Raumüberwindung** ist die Kernaufgabe der Logistik und betrifft die Überwindung räumlicher Distanzen zwischen Aufenthaltsorten von Gütern, verschiedenen Produktionsstätten, Lagern und weiteren Bedarfsorten.

Entsprechend ist auch die **Zeitüberbrückung** eine weitere Kernaufgabe der Logistik, denn die zeitliche Dimension der Prozessketten verursacht Kosten. Wartezeiten und Lagerbestände müssen betrachtet werden, sodass der Fokus auch auf Beschaffungs-, Produktions- und Distributionsprozessen liegt.

Auch die Disposition von **Mengen und Terminen** ist eine wichtige Aufgabe der Logistik, denn hier bestehen zahlreiche wechselseitige Zusammenhänge. Bestände und Kapazitäten müssen mit Lieferterminen abgeglichen werden, Gesamt- und Teilmengen müssen mit Prozessen und Terminen in Einklang gebracht, Mengendifferenzen in Logistikketten müssen untersucht werden. In diesem Sinne ist „Just in Time" der ideale Anspruch der Logistik, da jedes „zu früh" und „zu spät" Kosten verursacht.

Dieses Prinzip führt auch zur Aufgabe der **Wertschöpfungsoptimierung**. Hierbei geht es um die optimierende Gestaltung von Güter- und Informationsflüssen, indem auf unternehmensübergreifende Integration geachtet wird und neben herkömmlichen Güterflüssen (Material, Produkte, Waren) auch Geld- und Informationsflüsse berücksichtigt werden.

Die Logistik untergliedert sich in verschiedene Bereiche:

- Beschaffungslogistik: Betrachtung der Wege der Roh-, Hilfs- und Betriebsstoffe und der Fertigwaren vom Lieferanten bis zum Wareneingang beim Käufer

- Produktionslogistik: Planung, Steuerung und Kontrolle der Transport-, Umschlags- und Lagerprozesse

- Distributionslogistik: Lager-, Umschlags- und Transportvorgänge von Waren vor der Produktion bis zum Abnehmer

- Retrologistik bzw. Entsorgungslogistik: Richtige Entsorgung von Abfällen

Differenziert wird zudem auch nach dem zeitlichen Aspekt der langfristig-strategischen Logistik (komplette Wertschöpfungskette), der mittelfristig-taktischen Logistik (Gestaltung von Logistiksystemen) sowie der kurzfristig-operativen Logistik (Steuerung und Durchführung der Logistikprozesse).

Zur Logistik zählen verschiedene Teilsysteme, die nachfolgend beschrieben werden:

- Transportsysteme und Transportmittel: Transport verbraucht Zeit und wertvolle Ressourcen. Transportsysteme versuchen daher, logistische Herausforderungen optimal zu lösen.

- Lagersysteme: Die Lagerung von Gütern kostet Geld. Lagersysteme werden durch das Lagergut, das Lagerhaus und die Lagerhaltung bestimmt. Aus Sicht der modernen Logistik sollten Lagerbestände möglichst vermieden werden. Ziel ist also das hundertprozentige Fließen der Güter.

- Handhabungs- und Umschlagssysteme: Handhabungs- und Umschlagsvorgänge sind mit die teuersten Aktivitäten in der Logistik. Sie treten auf, wenn Betriebsmittel oder Verpackungen gewechselt werden müssen. Beispielhafte Tätigkeiten sind Be- und Entladen, Verpacken und Auspacken, Einlagern und Auslagern. Ziel dieser Systeme ist es, Güter so zusammenzufassen, dass teure Stück-für-Stück-Handhabung möglichst vermieden wird.

- Informations- und Kommunikationssysteme: Im Zuge des technischen Fortschritts haben auch Informations- und Kommunikationssysteme eine immer höhere Bedeutung. Diese Systeme verbessern die Automatisierung und damit die Effizienz der Logistik.

All diese Systeme tragen dazu bei, das richtige Produkt möglichst kostengünstig in der benötigten Menge zur gewünschten Zeit an den richtigen Ort zu liefern.

4. Personalwirtschaft

Die Personalwirtschaft, die auch als Personalmanagement oder Personalwesen bezeichnet wird, ist ein entscheidender Faktor der Betriebswirtschaftslehre. Es sind schließlich die Mitarbeiter eines Unternehmens, die sowohl intern als auch extern wichtige Aufgaben übernehmen. Ein Einzelunternehmer entscheidet sich zum Zeitpunkt der Unternehmensgründung zum Beispiel dafür, seine Firma vorerst allein zu gründen. Er macht die Buchhaltung, stellt die Produkte her oder entwickelt die Dienstleistungen und betreut die Kunden. Doch wenn das Unternehmen wächst, dann benötigt er Mitarbeiter. Diese übernehmen interne Vorgänge, wie beispielsweise die Produktion der Verkaufsprodukte. Die Qualität ihrer Arbeit entscheidet somit direkt über die Produkte, die das Unternehmen herstellt. Die Mitarbeiter übernehmen aber ebenso auch externe Vorgänge. Sie betreuen zum Beispiel die Kunden, verkaufen die Produkte des Unternehmens, liefern sie aus und installieren sie. Machen die Mitarbeiter in irgendeiner ihrer Funktionen keine gute Arbeit, so hat dies direkte Auswirkungen auf den Unternehmenserfolg. Aus diesem Grund ist es für den Unternehmensführer sehr wichtig, die Qualität der Mitarbeiter zu kontrollieren, sie zu einer Steigerung ihrer Leistungen anzutreiben und Mitarbeiter auszusortieren, die seinem Betrieb schaden. Es gibt verschiedene Bereiche des Personalwesens und in diesem Kapitel wollen wir auf bekannte Modelle und Theorien sowie dementsprechende Strategien eingehen. Das Ziel besteht darin, die Mitarbeiter so zu lenken und zu leiten, dass sie die Erreichung der übergeordneten Unternehmensziele optimal unterstützen.

4.1 Personal als Faktor

1. Leistungsfaktor: Ein Unternehmen erreicht seine Ziele, indem es sich Marktvorteile verschafft und sich von der Konkurrenz abhebt. Rohstoffe und andere Produktionsfaktoren werden von allen Marktteilnehmern zu ähnlichen Bedingungen erworben. Große Unternehmen haben möglicherweise einen Mengenrabatt bei ihren Bestellungen, aber insgesamt sind die Unterschiede nicht besonders groß. Aus diesem Grund ist die Bedeutung des Personals bei der Erlangung eines Marktvorteils umso wichtiger. Wenn Sie als Geschäftsleitung Mitarbeiter einstellen, die motiviert und qualifiziert sind, dann kann das deutliche Marktvorteile schaffen. Motivierte Mitarbeiter arbeiten konzentrierter und erbringen eine bessere Leistung. Sie produzieren schneller und beraten die Kunden des Unternehmens freundlich und kompetent. Qualifizierte Mitarbeiter sind somit weitaus effizienter und produzieren Produkte mit einer höheren Qualität. Sie setzen sich persönlich für den Unternehmenserfolg ein, was man an den Verkaufszahlen merkt. Allerdings ist gutes Personal auch mit einem hohen Aufwand verbunden. Die Motivation der Mitarbeiter kommt nicht von allein, sondern muss von Ihnen als Geschäftsleitung übertragen werden. Darüber hinaus verlangt qualifiziertes Personal auch deutlich höhere Löhne als Personal, das noch keine bestimmte Qualifikation besitzt.

2. Kostenfaktor: Wie bereits im letzten Punkt beschrieben, ist gutes Personal mit einem hohen Aufwand verbunden. Der Mehraufwand, der durch die Einstellung und Bezahlung der Mitarbeiter entsteht, muss jedoch durch höhere Gewinne des Unternehmens ausgeglichen werden. Das Gleichgewicht ist entscheidend, denn die ökonomischen Ziele des Betriebs dürfen zu keinem Zeitpunkt vernachlässigt werden. Wichtig ist außerdem: In Deutschland besteht ein weitgehender Kündigungsschutz. Das bedeu-

tet, dass Mitarbeiter aus betrieblichen Gründen so gut wie nie entlassen werden können. Möchten Sie trotzdem einen Mitarbeiter aus Ihrem Unternehmen entlassen, so ist dies mit der Zahlung einer hohen Abfindung verbunden. Aus diesem Grund müssen Sie sehr gut überlegen, welche Mitarbeiter in Ihr Unternehmen passen und welche fest eingestellt werden können. Bedenken Sie auch, dass Sie Mitarbeiter nicht kurzfristig einstellen und anschließend wieder entlassen können, nur weil sich Ihre Produktion über einen kurzen Zeitraum gesteigert hat. Denken Sie stets an die langfristigen Auswirkungen der Mitarbeiterzahlen Ihres Unternehmens.

3. Produktionsfaktor: Das Personal ist ein wichtiger Produktionsfaktor im Betrieb, denn es muss die Maschinen bedienen, Vorgänge überprüfen und vieles mehr. Kosten und Nutzen von Rohstoffen und Maschinen lassen sich sehr genau berechnen. Außerdem bestehen Sicherheiten, denn wenn eine Maschine ohne Vorwarnung ausfällt, kann dies in vielen Fällen durch die Garantie der Maschine gedeckt werden. Entsprechen Rohstoffe nicht der Qualität, die durch den Lieferanten garantiert wurde, so können sie reklamiert werden. Die Produktivität eines Mitarbeiters kann hingegen nur näherungsweise berechnet werden. Nicht selten kommt es zu krankheitsbedingten Ausfällen. Eine Maschine hat eine bestimmte Leistung. Die Leistung eines Menschen variiert hingegen stark. In der Personalplanung wird die Frage beantwortet, wie viele Mitarbeiter benötigt werden und welche Qualifikationen sie erfüllen müssen.

Bei der Personalführung besteht die Hauptfrage darin, welche Methoden angewendet werden können oder müssen, um die Mitarbeiter optimal zu motivieren und ihre Leistung zu steigern. Welche monetären und nichtmonetären Motivationsstrategien sind sinnvoll und aus ökonomischer Sicht vertretbar?

4.2 Personal richtig planen

Die Planung des Personals umfasst mehrere Bereiche. Selbstverständlich gibt es Unternehmen, die als sehr kleiner Betrieb begonnen haben und über die Jahre hinweg eher intuitiv gewachsen sind. Nicht jeder Vorgang in einer Firma wird im Voraus langfristig geplant und intuitive Entscheidungen sind nicht immer die schlechtesten. Liegt das Bauchgefühl jedoch falsch, so hat man keine Maßstäbe, an denen man sich orientieren kann. Die Planung bringt einen guten Überblick und die Möglichkeit, zukünftige Herausforderungen rechtzeitig vorherzusehen und Anpassungen vorzunehmen, wenn dies notwendig ist. Eine regelmäßige Überprüfung der aktuellen Situation unterstützt das Unternehmen bei der Erreichung seiner Unternehmensziele. Der Ist-Zustand kann aber nur zureichend analysiert werden, wenn es Planwerte gibt, mit denen man ihn vergleichen kann.

In einem Unternehmen stehen die ökonomischen Ziele im Vordergrund. Wie viele Mitarbeiter werden benötigt, um die geplante Produktion umzusetzen? Ab welcher Anzahl an Mitarbeitern rentieren sich die Kosten nicht mehr? Welches Gehalt kann gezahlt werden und welche Fortbildungen sind sinnvoll? Das Ziel besteht darin, die optimale Anzahl an Mitarbeitern im Betrieb zu haben. Alle sind vollständig ausgelastet, aber niemand ist überlastet. Da es sich um Menschen handelt und nicht um Maschinen, ist es nicht einfach, die optimale Anzahl an Mitarbeitern zu bestimmen. Es kann schließlich zu kurzfristigen Ausfällen kommen, die aber nicht zu Engpässen bei der Produktion führen sollten.

Folgende Teilgebiete spielen bei der Planung des Personals eine wichtige Rolle:

Teilplanung	Aufgabenstellung
Personalbedarfsplanung	Wie viele Beschäftigte welcher Qualifikation werden wann für welche Arbeiten benötigt?
Personalbeschaffungsplanung	Durch welche Beschaffungsalternativen kann eine bestehende Kapazitätslücke geschlossen werden?
Personalabbauplanung	Durch welche Maßnahmen kann eine personelle Überkapazität abgebaut werden?
Personaleinsatzplanung	Wie viele und welche Mitarbeiter sollen wann und wo für welche Aufgaben eingesetzt werden?
Personalentwicklungsplanung	Durch welche Maßnahmen kann die Mitarbeiterqualifikation mittel- und langfristig gesteigert werden?

4.2.1 Die Planung des Personalbedarfs

Sie haben sich für Ihr Unternehmen kurz-, mittel- und langfristige Ziele gesetzt. Zu ihnen gehören beispielsweise auch ein bestimmtes Wachstum oder bestimmte Absatzzahlen, die Sie anstreben.

Wenn Sie planen, wie viele Produkte oder Dienstleistungspakete Sie innerhalb des nächsten Geschäftsjahres verkaufen möchten, dann berechnen Sie einerseits, wie viele Maschinen Sie benötigen werden und wie viel Material in die Herstellung der Produkte fließen wird. Sie überlegen, wie viele Kunden Sie erreichen müssen, um Ihre Ziele zu erreichen, und wie groß Ihre Büroflächen sein müssen. In diese Überlegungen fließt außerdem mit ein, wie viele Mitarbeiter Sie benötigen werden. Nehmen wir zur Veranschaulichung folgendes Beispiel:

Sie führen ein Dienstleistungsunternehmen im IT-Bereich. Ihre Leistungen umfassen beispielsweise Wartungsarbeiten in KMU und größeren Unternehmen. Pro Kunde planen Sie eine Bearbeitungszeit von drei Stunden ein und täglich möchten Sie mindestens sechs Kunden betreuen. In unserem Beispiel kann ein Mitarbeiter täglich zwei Kunden betreuen. Schließlich müssen Anfahrzeiten, Mittagspause und Aufbereitungszeiten eingerechnet werden. Aus unseren Berechnungen ergibt sich, dass Sie mindestens drei Mitarbeiter benötigen, um täglich sechs Kunden betreuen zu können.

Was in unserem Beispiel so übersichtlich aussieht, erweist sich im Unternehmensalltag als weitaus schwieriger. Umso größer die Firma wird, desto komplexer werden die Berechnungen. Gleichzeitig gibt es in großen Unternehmen Erfahrungswerte, an denen man sich orientieren kann. Darüber hinaus ist zu bedenken, dass der Ausfall eines Mitarbeiters in einer kleinen Firma einen weitaus größeren Einfluss auf die Gesamtproduktion hat als in einem großen Betrieb.

Nehmen wir eine Firma, in welcher 2 Personen in der Produktion arbeiten, so ergibt sich durch den krankheitsbedingten Ausfall eines Mitarbeiters ein Produktionsausfall von 50 %. Umfasst das Unternehmen hingegen 50 Mitarbeiter, die in der Produktion tätig sind, so bedeutet eine fehlende Person lediglich einen Ausfall von 2 %. Die absoluten Werte bleiben gleich, doch der prozentuale Anteil an der Gesamtproduktion des Unternehmens ändert sich drastisch, je nachdem, wie viele Mitarbeiter der Betrieb hat.

Es gibt mehrere Bestimmungsfaktoren, die bei der Planung des Personalbedarfs bedacht werden müssen. Wie bei vielen anderen Bedarfsplanungen auch, steht der Soll-Ist-Vergleich im Vordergrund.

In Ihre Planungsüberlegungen fließen zum Beispiel folgende Faktoren ein:

- Das Leistungsprogramm des Unternehmens: Wie viele Termine wollen Sie wahrnehmen, welchen Umfang haben die Aufgaben und welche Qualität soll garantiert werden?

- Die externen Faktoren: Unter welchen Rahmenbedingungen agiert Ihr Unternehmen? Wie sind die politisch-sozialen Strukturen und welchen gesetzlichen Regelungen unterliegen Sie? Wie ist der Stand der Technologie und der Bildung? Mit welcher wirtschaftlichen Entwicklung ist in naher bis mittelfristiger Zukunft zu rechnen?

- Die internen Einflussfaktoren: Welche Mitarbeiterstruktur haben Sie in Ihrem Unternehmen? Welche Fluktuation herrscht und wie viele Fehlzeiten haben die Mitarbeiter im Durchschnitt? Welche unternehmenspolitischen Entscheidungen treffen Sie und welche Auswirkungen haben diese auf Ihre Mitarbeiter?

All diese Faktoren haben Einfluss auf Ihre Personalentscheidungen. Insgesamt soll erreicht werden, dass der Ist-Zustand in Ihrem Betrieb dem von Ihnen errechneten Soll-Zustand entspricht. Kommen Sie bei Ihren Vergleichen zu dem Ergebnis, dass Sie einen Personalmangel haben, so müssen Sie sich mit der Personalbeschaffungsplanung beschäftigen. Haben Sie hingegen zu viele Mitarbeiter, so geht es an den Personalabbau. Optimal ist es, wenn weder Leerläufe noch Engpässe entstehen.

4.2.2 Die Planung der Personalbeschaffung

Ihr Unternehmen wächst und Sie haben festgestellt, dass Sie neue Mitarbeiter benötigen. Wo finden Sie potenzielles Personal und welches System wenden Sie an, um die richtigen Personen herauszusieben?

Viele Unternehmer machen in der Anfangszeit den Fehler, keine standardisierten Systeme einzuführen. Sie suchen neue Mitarbeiter aufgrund persönlicher Vorlieben oder Empfehlungen aus dem

Bekanntenkreis aus. Aus einem unökonomischen Blickwinkel kann dies verlockend sein. Schließlich handelt es sich hierbei um Personen, die einem sympathisch sind, sodass das Betriebsklima einer großen Familie ähnelt. Ein gutes Arbeitsklima und ausgeglichenes Miteinander der Angestellten sind selbstverständlich sehr förderlich, sollte aber niemals auf Kosten der Produktivität oder der Qualität des Unternehmens zustande kommen. Das Sozialverhalten eines Mitarbeiters ist wichtig, muss jedoch einem standardisierten System entsprechen und mit Hilfe messbarer Vergleiche sichergestellt werden. Um die Kapazitätslücke in Ihrem Unternehmen zu schließen, können Sie bei der Suche nach neuen Mitarbeitern wie folgt vorgehen:

Zunächst einmal bestimmen Sie, welchen Beschaffungsweg Sie wählen möchten. Anschließend überlegen Sie, wie Sie potenzielle Mitarbeiter werben können und letztendlich müssen Sie entscheiden, nach welchen Kriterien Sie das neue Personal auswählen werden.

Die Beschaffungswege lassen sich grob in interne und externe Wege unterteilen.

- Interne Personalbeschaffungswege: Es wird auf Personal zurückgegriffen, das bereits Teil des Unternehmens ist. Dies geschieht durch eine Umverteilung der Aufgaben und gelingt meist, indem Mitarbeiter aus unterbeschäftigten Bereichen des Unternehmens in überbeschäftigte Bereiche wandern. Manchmal ist es notwendig, dass einzelne Mitarbeiter Überstunden machen oder ihren Urlaub verschieben. Die Kosten für die Suche und die Auswahl passender Mitarbeiter sind beim internen Verfahren gering. Schließlich befindet sich das potenzielle Personal bereits vor Ort und muss nicht angeworben werden. Die Einarbeitung eines neuen Mitarbeiters ist immer mit Kosten verbunden, denn sie braucht Zeit. Arbeitete der neue Mitarbeiter vorher bereits an anderer Stelle im Unternehmen, so ist er mit den Strukturen vertraut und die Kosten halten sich in Grenzen. Das Auswahlspektrum ist sehr eng, denn Sie müssen die passende Person aus Ihrem Unternehmenspool herausfiltern. Positiv ist, dass diese Person bereits mit dem Unternehmen vertraut ist und andersrum auch ihre Fähigkeiten sowie Persönlichkeit bekannt sind. Es kann jedoch negativen Einfluss auf die Entwicklung des Betriebs haben, wenn der Mitarbeiter bereits lange im Unternehmen arbeitet und verlernt hat, über den Tellerrand zu schauen.

Die passende Person kann mit Hilfe interner Stellenausschreibungen gefunden werden.

— Externe Personalbeschaffungswege: Wenn man sich gegen die interne Suche nach dem passenden Mitarbeiter entschieden hat, dann wendet man sich mit seiner Suche an den allgemeinen Arbeitsmarkt. Benötigen Sie für einen begrenzten Zeitraum Hilfskräfte oder Unterstützung in Ihrem Unternehmen, so können Sie sich an eine Zeitarbeitsfirma wenden. Die Suche auf dem Arbeitsmarkt erweist sich mitunter als schwierig und zeitaufwendig. Die neue Arbeitskraft ist zeitlich verzögert verfügbar, schließlich muss sie erst rekrutiert und in einem oft mehrstufigen Verfahren ausgewählt werden. Die Einarbeitungskosten sind hoch, denn die Person muss zunächst eingearbeitet werden, was mit einem hohen zeitlichen Aufwand verbunden ist. Das Auswahlspektrum ist sehr weit, denn Sie können auf dem gesamten Arbeitsmarkt nach der Person suchen, die Ihre Anforderungen optimal erfüllt. Ein neuer Mitarbeiter bringt frischen Wind ins Unternehmen und birgt ein großes Potenzial. Gleichzeitig ist es jedoch auch möglich, dass Sie sich für die falsche Person entscheiden und hohe Kosten sowie zeitliche Verzögerungen entstehen. Die herkömmlichen Instrumente, die bei der Suche nach neuen Angestellten verwendet werden, sind Personalagenturen, das Arbeitsamt, Stellenanzeigen in der Zeitung oder Personalleasing.

Wenn Sie entschieden haben, ob Sie intern oder extern nach dem passenden Mitarbeiter suchen möchten, dann folgt die Werbung des Personals. Die Stellenanzeige soll den potenziellen neuen Mitarbeiter dazu bringen, sich bei Ihrem Unternehmen zu bewerben. Einige Unternehmen entscheiden sich dafür, ihre Firma im Allgemeinen zu bewerben. Dadurch erreichen sie, stets ausreichend Aufmerksamkeit zu erlangen, um bei Bedarf die passende Person aus den allgemeinen Bewerbungen auszuwählen. Oft wird jedoch eine bestimmte Stelle ausgeschrieben. Das Unternehmen stellt sich selbst sowie die freie Stelle vor. Dabei versucht es, möglichst angenehm und attraktiv zu wirken. Schließlich möchte man die Personen erreichen und ködern, die das Unternehmen bei seinem Wachstum unterstützen könnten. Die Arbeitsanforderungen werden möglichst positiv beschrieben, denn kaum jemand fühlt sich angezogen, wenn in der Stellenbeschreibung bereits von zahlreichen Überstunden die Rede ist. Neben den Vorzügen des Unternehmens und des spezifischen Arbeitsplatzes werden allerdings auch die Ansprüche des Betriebs deutlich dargestellt. Tut man dies nicht, so werden sich massenweise Menschen bewerben, welche die Anforderungen nicht erfüllen. Das Auswahlverfahren wird dadurch stark verzögert und erschwert.

Je nach Größe des Unternehmens wird das Personal unterschiedlich ausgewählt. Handelt es sich um einen großen Betrieb, so werden normalerweise zunächst einmal die Bewerbungsunterlagen aller interessierten Personen gesichtet. Es folgt ein Testverfahren, bei welchem die Fähigkeiten und die Schwierigkeiten der Bewerber näher herausgefiltert werden sollen. Anschließend werden die bisher ausgewählten Personen im Assessment Center mit Aufgaben konfrontiert, die ihnen in ihrem Arbeitsalltag begegnen könnten. So soll ermittelt werden, welches Potential die Bewerber haben und wie viel Arbeit in die Entwicklung neuer Fähigkeiten gesteckt werden müsste.

Wurden all diese Phasen durchlaufen, so werden die übrigbleibenden Bewerber zu einem persönlichen Gespräch eingeladen. Die

Interviews sind in manchen Unternehmen stark standardisiert, in anderen handelt es sich hingegen um freie Gespräche.

In kleineren Unternehmen ist der Prozess der Personalbeschaffung meist weitaus kürzer und intuitiver. Achten Sie darauf, dass Sie eine gute Stellenausschreibung erstellen und diese über Kanäle bewerben, die Ihr Zielpersonal nutzt. Stellenanzeigen in der Zeitung sind sehr unspezifisch, denn die Leser sind weit gefächert. Eine Anzeige in einer regionalen Zeitung kann sich jedoch als nützlich erweisen, wenn Sie explizit einen neuen Mitarbeiter aus dem direkten Umfeld Ihres Unternehmens finden möchten. Handelt es sich um einen Arbeitsplatz, der aus dem Homeoffice besetzt werden kann, können Sie die Stellenanzeige regional unabhängig auf Arbeitsbörsen im Internet ausschreiben oder lassen die Suche nach dem passenden Mitarbeiter über eine Agentur abwickeln.

4.2.3 Die Planung des Personalabbaus

Wenn Sie in Ihrem Unternehmen zu viele Mitarbeiter beschäftigen, dann bringt dies finanzielle Einbußen mit sich. Sie haben das perfekte Gleichgewicht noch nicht gefunden und die Firma leidet unter der Überbesetzung. Die Arbeitskräfte sind nicht ausgelastet und verursachen Kosten, die sie nicht durch Verkäufe ausgleichen.

Der aktive Abbau von Personal gestaltet sich als äußerst kostspielig, weshalb Sie stets versuchen sollten, sich von einer Unterbesetzung langsam dem Optimum zu nähern. Haben Sie erstmal zu viele Arbeitnehmer in Ihrer Firma, so gestaltet es sich mitunter sehr schwierig, diese wieder abzubauen. Als Unternehmer versuchen Sie selbstverständlich, die günstigste Möglichkeit zu finden, um dies zu tun. Es gibt verschiedene Formen des Personalabbaus:

Möchten Sie, dass sich die Arbeitsverhältnisse nicht verändern, so setzen Sie beispielsweise auf den Abbau von Überstunden. Sie befinden sich gerade in einem Sommerloch und es ist abzusehen, dass Sie in den nächsten Wochen weniger Personal benötigen werden? Dann versuchen Sie, den Urlaub Ihrer Mitarbeiter auf diesen Zeitraum zu legen. Sie werden außerdem davon absehen, Personal zu leasen, und keine neuen Mitarbeiter einstellen. Da das Unternehmens stets einer gewissen Fluktuation ausgeliefert ist, gleichen Sie die Überbesetzung dadurch wirksam aus.

Es gibt die Möglichkeit, die Arbeitsverhältnisse zu verändern, ohne sie vollkommen zu beenden. Sie versetzen einen Mitarbeiter beispielsweise in eine Abteilung, die unterbesetzt ist. Selbstverständlich müssen Sie darauf achten, dass die Person die Anforderungen der neuen Abteilung erfüllen kann. Oder aber Sie verkürzen die Arbeitszeit der Personen, die nicht ausgelastet sind.

Sind alle Möglichkeiten ausgeschöpft und Sie haben weiterhin eine Überbesetzung in Ihrem Unternehmen, dann werden Sie das Arbeitsverhältnis zu einer oder mehreren Personen beenden müssen. Es ist allerdings alles andere als einfach, dies zu tun. Eine Kündigung aus betrieblichen Gründen kann nur in Einzelfällen legitimiert werden. Liegt ein solcher Grund nicht vor, so muss eine soziale Rechtfertigung genannt werden. Diese kann sich auf betrieblicher oder persönlicher Ebene befinden. Fällt ein gesamter Zweig des Unternehmens weg, so müssen die Mitarbeiter, die nicht an anderer Stelle im Betrieb eingesetzt werden können, die Firma verlassen. Persönliche Gründe sind beispielsweise ein Fehlverhalten des Arbeitnehmers. Zu beachten sind außerdem die Kündigungsfrist, die bis zu sieben Monate betragen kann, sowie die Abfindung, die an den Mitarbeiter gezahlt werden muss, der das Unternehmen verlassen soll.

Versuchen Sie deshalb, eine Überbesetzung in Ihrem Unternehmen zu verhindern und Mitarbeiter zu versetzen oder auf anderem Wege einen Ausgleich zu schaffen, denn die Kündigung von Personal ist mit hohen Kosten verbunden.

4.2.4 Die Planung des Personaleinsatzes

Das Personal ist ein ernstzunehmender Kostenfaktor im Unternehmen. Aus diesem Grund ist es überaus wichtig, dass Sie alle Mitarbeiter effizient einsetzen. In diesem Zusammenhang müssen Sie die zeitliche, örtliche, qualitative und quantitative Ebene beleuchten.

– Zeitliche Ebene: Zu welchen Uhrzeiten setzen Sie das Personal ein? Arbeiten Sie im Schichtbetrieb? Zu welchen Uhrzeiten finden wichtige Termine statt?

– Örtliche Ebene: Wo benötigen Sie das Personal? Gibt es mehrere Standorte? Werden Kunden persönlich besucht und Dienstreisen gemacht?

– Qualitative Ebene: Welche Qualifikationen benötigen die Mitarbeiter, die in bestimmten Abteilungen eingesetzt werden? Welcher Mitarbeiter besetzt welche Stelle optimal?

– Quantitative Ebene: Wie viele Mitarbeiter benötigen Sie in welcher Abteilung? Wie verteilen Sie das Personal optimal? Müssen Sie neue Mitarbeiter einstellen, um eine bestimmte Stelle zu besetzen, oder können Sie Personal innerhalb des Unternehmens umverteilen?

Sie entscheiden, wie Sie die Arbeit in Ihrem Unternehmen am besten organisieren. Je nach Produkt oder Dienstleistung werden sich die Arbeitsabläufe unterscheiden. Der Herstellungsprozess eines Produkts wird meist in einzelne Arbeitsschritte unterteilt. Die Arbeitsteilung der Mitarbeiter hat einige Vorteile, aber ebenso auch Nachteile. Die Mitarbeiter arbeiten sehr effizient, denn sie spezialisieren sich auf einen bestimmten Bewegungsablauf und können diesen zielgenau und schnell durchführen. Gleichzeitig ist die Belastung des Arbeitnehmers bei einem solchen Arbeitsmodell sehr einseitig. Er hat keinen Bezug zu dem fertigen Produkt und wird schneller müde, weil seine Aufgaben sehr monoton sind.

Es ist wichtig, dass Sie optimale Arbeitsbedingungen schaffen, um die Effizienz und das Wohlbefinden Ihrer Mitarbeiter zu steigern. Dabei müssen Sie vier Bereiche planen und ausarbeiten:

— Der Arbeitsablauf: Überlegen Sie sich, in welcher Reihenfolge die einzelnen Arbeitsschritte stattfinden müssen, um den Produktionsprozess im Unternehmen zu optimieren und zu garantieren, dass alle Aufgaben effizient bearbeitet werden.

— Die Arbeitsmittel: Welche Maschinen und Geräte benötigen Ihre Mitarbeiter, um ihre Aufgaben bearbeiten zu können und bestmögliche Ergebnisse zu erzielen? Die Instrumente sollten bedienungsfreundlich sein und gesundheitliche Schäden vermeiden.

— Die Räumlichkeiten und das Umfeld bei der Arbeit: Welche Räumlichkeiten benötigen die Angestellten, um die Arbeitsprozesse effizient gestalten zu können? Wie werden die Räume belüftet und beheizt? Welche Lichtverhältnisse müssen herrschen? Wie wird Lärm gedämpft?

— Die Arbeitssicherheit: Arbeitsunfälle müssen unbedingt vermieden werden. Aus diesem Grund müssen Sie sich damit beschäftigen, welche Schutzkleidung Ihre Mitarbeiter benötigen, wie die Arbeitsinstrumente überwacht werden können und wie der Brandschutz sichergestellt werden kann.

All diese Fragen müssen Sie für jeden Arbeitsplatz in Ihrem Unternehmen beantworten.

4.2.5 Die Planung der Personalentwicklung

Die Entwicklung des Personals lässt sich in die Bereiche Förderung und Bildung unterteilen. Unter Bildung wird verstanden, dass Mitarbeiter mit Hilfe von Schulungen, Fortbildungen oder Umschulungen neue Fähigkeiten erlangen und ihren Horizont erweitern. Sie können dadurch andere Aufgabenbereiche im Unternehmen übernehmen und beispielsweise versetzt werden. Die Förderung findet auf einer sehr viel persönlicheren Ebene statt. Im Vordergrund stehen nicht so sehr das Erlernen neuer Fähigkeiten, sondern vielmehr das persönliche Wachstum des Mitarbeiters. Mit Hilfe von Coachings oder Karriereplanungen werden Mitarbeiter dazu angeleitet, innerhalb des Unternehmens zu wachsen.

Die Fortbildungskosten trägt der Betrieb. Doch auch wenn die Kosten nicht unerheblich sind, lohnt sich die Investition in die Entwicklung des Personals aus vielen Gründen. Die Weiterbildung ermöglicht eine interne Personalbeschaffung. Warum sollten Sie Spezialisten von außerhalb für viel Geld suchen und engagieren, wenn Sie Mitarbeiter Ihres Unternehmens zu Spezialisten weiterbilden können? Wenn Sie in einen Arbeitnehmer investieren, dann binden Sie ihn an Ihre Firma. Er ist weitaus motivierter, seine Arbeit effizient auszuüben, wenn er weiß, dass er Aufstiegsmöglichkeiten hat. Denn mit dem Gehalt sind nicht automatisch alle Bedürfnisse des Mitarbeiters befriedigt. Ein Mensch strebt danach, zu wachsen und seinen Horizont zu erweitern. Er möchte nicht in 15 Jahren genau denselben Job machen, wie heute. Wenn sich ein Mensch in einem Unternehmen auch auf persönlicher Ebene gefördert fühlt, kann er sich weitaus besser mit diesem Betrieb identifizieren. Das wiederum steigert die Arbeitsbereitschaft und Leistung. Wenn Sie eine qualifizierte Fachkraft von außerhalb engagieren, dann müssen Sie diese mit all ihren Eigenheiten akzeptieren. Fördern Sie einen Mitarbeiter Ihres eigenen Unternehmens, so haben Sie die Möglichkeit, diesen zu formen. Die Bedürfnisse der Firma können weitaus besser erkannt und befriedigt werden.

4.3 Führungsstile

Zu Beginn, wenn Ihr Unternehmen noch sehr klein ist, arbeiten Sie womöglich ganz allein. Sie sind die Person für alles und übernehmen die Produktion, den Verkauf und die Kontrolle aller geschäftlicher Prozesse. Doch Sie möchten wachsen und zu diesem Wachstum gehört auch, dass Sie in der Zukunft nicht mehr allein im Unternehmen sein werden, sondern Mitarbeiter einstellen. Möglicherweise möchten Sie das Unternehmen auch gar nicht mehr selbst führen. Viele Menschen haben eine ausgezeichnete Geschäftsidee und verfügen über großes Fachwissen, können sich aber nicht vorstellen, ein Unternehmen zu führen. Das ist eine sehr persönliche Entscheidung und in einem solchen Fall engagieren Sie eine Geschäftsleitung und sind entweder nur Inhaber des Unternehmens oder bringen sich mit Ihrem Fachwissen ein. So kann es beispielsweise sein, dass ein Restaurantbesitzer ein ausgezeichneter Koch ist, aber nicht die Administration des Restaurants übernehmen möchte und hierfür einen Manager engagiert.

Nehmen wir an, Sie sind Unternehmer und trauen sich zu, die geschäftlichen Vorgänge zu planen und zu leiten. Im letzten Kapitel sind wir ausgiebig auf die Planung des Personals eingegangen. Nun haben Sie die passenden Personen gefunden und jedem wurde sein Arbeitsplatz im Betrieb zugewiesen. Sie stehen vor der Frage, wie Sie Ihre Mitarbeiter am besten führen können.

Zunächst einmal muss betont werden, dass es keinen ultimativen Führungsstil gibt, der in jedem Unternehmen der richtige ist. Denn welcher Führungsstil gewählt und umgesetzt wird, hängt von verschiedenen Faktoren ab.

Da wären einerseits die subjektiven Faktoren: Welches Temperament haben Sie von Natur aus? Wie gut gelingt es Ihren Mitarbeitern, ihre Aufgaben selbständig auszuführen und dabei die Unternehmensziele stets im Blick zu haben?

Und auf der anderen Seite die objektiven Faktoren: Wie komplex sind die Aufgaben, die von den Mitarbeitern gelöst werden müssen? Wie ist das Unternehmen aufgebaut (Organisationsstruktur und Leistungsumfang)?

Ganz grob lassen sich die Führungsstile in zwei Gruppen unterscheiden. Bei einem autoritären Führungsstil liegt die gesamte Entscheidungsmacht bei der Führungsperson. Bei einem partizipativen Führungsstil verfügen die Mitarbeiter über einen ausgeprägten Entscheidungsfreiraum. Zwischen diesen beiden Extremen befindet sich eine Reihe weiterer Führungsstile. Umso autoritärer ein Führungsstil ist, desto weniger Mitspracherecht haben die Mitarbeiter. Umso partizipativer ein Führungsstil ist, desto weniger Alleinentscheidungsrecht hat die Führungsperson. Im folgenden Abschnitt stellen wir Ihnen mehrere Führungsstile vor. Wir gehen auf ihre wichtigsten Merkmale ein und zeigen auf, wodurch sie sich auszeichnen.

Auf Grund Ihres Weltbildes, Ihres Charakters und Ihrer Erfahrungen wird sich in Ihnen ganz automatisch ein Führungsstil bilden, mit dem Sie sich stark identifizieren. Es ist aber auch möglich, verschiedene Führungsstile zu analysieren, um den Stil zu finden, der für das Erreichen der Ziele am geeignetsten ist. Man kann einen Führungsstil also überlegt auswählen und im Unternehmen implementieren. Wichtig ist dabei, dass man weiterhin authentisch bleibt. Das richtige Gleichgewicht zu finden, gestaltet sich in manchen Fällen als wahre Herausforderung. Schauen Sie sich die unterschiedlichen Führungsstile an und finden Sie heraus, mit welchem Sie sich am meisten identifizieren. Es kann durchaus sein, dass Sie sich mehreren Führungsstilen zuordnen könnten. Überprüfen Sie, inwiefern Ihr Ist-Zustand mit dem Soll-Zustand übereinstimmt, und schrecken Sie nicht davor zurück, gegebenenfalls Veränderungen an Ihrem Führungsstil vorzunehmen.

- Laissez-faire-Führungsstil: Der Begriff stammt aus dem Französischen und bedeutet so viel wie „machen lassen". Dieser Führungsstil bietet den Mitarbeitern sehr viel Freiraum. Sie können ihre Aufgaben selbständig bearbeiten, nach Lösungswegen suchen und umdisponieren. Entscheidungen werden im Arbeitsteam getroffen, ohne dass der Vorgesetzte zu Rate gezogen werden muss. Die

Leistungsbereitschaft der Angestellten wird dadurch gesteigert. Schließlich können sie ihren Arbeitsalltag größtenteils selbst gestalten. Sie sind motiviert und können ihrer Kreativität freien Lauf lassen. Es gibt jedoch auch Risiken. Denn nicht jeder Mitarbeiter ist in der Lage, mit so viel Freiheit umzugehen. Einige kommen von der Spur ab und verlieren dabei kostbare Arbeitszeit, was sich auch im Umsatz des Unternehmens widerspiegeln kann. Wenn überhaupt keine Regeln herrschen, kommt es häufig zu Kommunikationsschwierigkeiten zwischen den Angestellten. Die Hierarchie ist nicht festgelegt, sodass Machtkämpfe ausgefochten werden und es zu einem Verlust der Kontrolle über die Unternehmensvorgänge kommen kann.

- Kooperativer oder demokratischer Führungsstil: Vorgesetzte und Angestellte bilden Arbeitsteams. Innerhalb des Teams werden gemeinsam Ideen entwickelt. Dabei haben alle Teammitglieder Mitspracherecht, es ist jedoch Aufgabe des Vorgesetzten, die einzelnen Aufgaben zu delegieren und dafür zu sorgen, dass die Gruppe ihre Zusammenarbeit optimiert. Die Teammitglieder übernehmen Verantwortung für die ihnen zugeordneten Aufgaben, die Führungskräfte leiten die Gruppe und motivieren die einzelnen Teammitglieder. Das Verantwortungsbewusstsein der Mitarbeiter wird bei diesem Führungsstil gestärkt. Sie werden dazu angetrieben, ihre eigenen Gedanken in den Arbeitsprozess einfließen zu lassen und sich auf kreativer Ebene auszutoben. Die Führungskraft wird etwas entlastet, denn auch wenn sie die Aufgaben an die Teammitglieder verteilen muss, übernimmt sie nicht so viel Verantwortung wie bei anderen Führungsstilen. Es liegt in der Verantwortung der einzelnen Mitarbeiter, die ihnen zugeteilten Aufgaben perfekt auszuführen. Zu einem Nachteil kann allerdings werden, dass die Diskussionen im Team sehr lange dauern. Bis jeder seine Meinung kundgetan und seine Ideen eingebracht hat, vergeht mitunter sehr viel Zeit. Die Diskussionen sind zwar angeregt und können außergewöhnliche Ergebnisse sowie innovative Methoden herbeiführen, aber die Entscheidungsprozesse dauern sehr lange. Wenn die Führungskraft kein Durchsetzungsvermögen hat, dann verliert sie die Kontrolle und die Dynamik in der Arbeitsgruppe wird mitunter chaotisch.

- Bürokratischer Führungsstil: Bei diesem Führungsstil haben weder Mitarbeiter noch Führungskräfte Entscheidungsfreiheit. Alle Entscheidungen und Abläufe werden vorgegeben und müssen von den Mitgliedern der Arbeitsgruppe lediglich ausgeführt werden. Die Richtlinien sind eindeutig und die Vorgesetzten werden nur für einen begrenzten Zeitraum in einer Gruppe eingesetzt. Gut ist an diesem Führungsstil, dass die Arbeitsabläufe sehr klar geregelt sind. Dadurch wird eine gleichbleibende Qualität der Arbeit garantiert und es ist sehr unwahrscheinlich, dass Fehlentscheidungen getroffen werden. Die Richtlinien verhindern, dass Entscheidungen auf der Grundlage persönlicher Sympathien getroffen werden. Die Dynamik in der Arbeitsgruppe entscheidet nicht über den Arbeitserfolg und die Ergebnisse. Das Risiko ist jedoch, dass die Vorgesetzten und die Mitarbeiter stark an Motivation verlieren. Sie nehmen sich als Roboter wahr, der vorgegebene Arbeitsabläufe einzuhalten hat. Für Veränderungen, Kreativität und innovative Lösungsstrategien ist bei diesem Führungsstil kein Platz. Die Ausarbeitung der Richtlinien nimmt mitunter sehr viel Zeit in Anspruch und das System ist sehr unflexibel. Bei unvorhersehbaren Problemen wissen die Mitarbeiter oftmals nicht, wie sie handeln sollen.

- Charismatischer Führungsstil: Es gibt Menschen, die von Natur aus charismatisch sind und es schaffen, andere Personen von ihren Ideen zu überzeugen und für ihre Projekte zu begeistern. Eine solche Führungsperson hat

Visionen und kann ihre Ideen selbstbewusst und eloquent an die Angestellten herantragen. Die Bindung unter den Mitarbeitern wird gestärkt, denn alle haben das Gefühl, an einer gemeinsamen Vision zu arbeiten. Die Angestellten können sich sehr gut mit dem Unternehmen und dessen Geschäftsidee identifizieren, solange sie von dieser Führungskraft geleitet werden. Die Motivation ist sehr hoch, ebenso die Leistungsbereitschaft. Zum Nachteil wird jedoch, dass die Arbeitsbereitschaft der Mitarbeiter von einer Person und ihrem Charisma abhängt. Verlässt dieser Mensch das Unternehmen, so fühlen sich die Angestellten entwurzelt. Darüber hinaus fehlt es oftmals an Strukturen. Die Mitarbeiter folgen ihrem Vorgesetzten blind, was verheerend sein kann, wenn dieser eine Situation nicht richtig einschätzt.

- Patriarchalischer Führungsstil: Eine solche Führungskraft ist meist älter als ihre Angestellten und verfügt über jahrelange Erfahrung. Sie entscheidet über die Arbeitsprozesse im Unternehmen, die Mitarbeiter haben kaum Mitspracherecht und können sich nur innerhalb der vorgegebenen Strukturen entfalten. Gleichzeitig fühlt sich die Führungsperson in großem Maße verantwortlich für ihre Mitarbeiter. Sie trifft zwar die Entscheidungen für sie, versucht dabei jedoch gleichzeitig, auf ihre Bedürfnisse einzugehen. Der Vorgesetzte sieht sich als Vaterfigur, die mit Erfahrung und festem Weltbild vorangeht. Die Vorgaben sind bei einem patriarchalischen Führungsstil klar und deutlich. Die Entscheidungen basieren vor allem auf der Erfahrung der Führungsperson und Arbeitsabläufe bleiben über Jahre oder Jahrzehnte hinweg gleich. Diese klaren Strukturen sind unmissverständlich und ermöglichen den reibungslosen Ablauf der Aufgaben im Unternehmen. Nachteilig ist jedoch, dass es keinen Raum für neue Ideen und innovative Denkansätze gibt. Die Führungsperson duldet keinen Widerspruch und bezieht ihre Angestellten so gut wie gar nicht in den Entscheidungsprozess ein.

- Autokratischer oder autoritärer Führungsstil: Dieser Führungsstil ähnelt dem patriarchalischen stark, jedoch mit einem entscheidenden Unterschied: Die Führungsperson sieht sich nicht als Vaterfigur, sondern handelt allein im Interesse des Unternehmens und nach ihren eigenen Vorstellungen. Die Mitarbeiter werden in den Entscheidungsprozess nicht einbezogen. Sie bekommen deutliche Vorgaben, an die sie sich halten müssen. Müssen Entscheidungen schnell getroffen werden, so ist dieser Führungsstil von Vorteil. Schließlich entscheidet eine Person allein und es müssen nicht erst verschiedene Lösungsansätze in einem Team besprochen werden. Die Angestellten tragen keinerlei Verantwortung für die Entscheidungen, die von der Führungskraft getroffen werden. Die Wertschätzung der Mitarbeiter bleibt bei diesem Führungsmodell auf der Strecke. Die Angestellten werden als Produktionskraft gesehen und eher wie Maschinen behandelt als wie Menschen. Ihre Persönlichkeit und Kreativität finden keinen Platz, ebenso wenig wie innovative Gedanken oder eigene Ideen. Der Führungsstil gilt allgemein als veraltet, kommt aber trotzdem in einigen Unternehmen weiterhin zum Einsatz. Es kann beobachtet werden, dass das Arbeitsklima unter diesem Führungsmodell leidet.

Nun liegt es an Ihnen zu beobachten, welchem Führungsstil Sie von Natur aus am meisten entsprechen. Überlegen Sie, inwieweit Ihr Führungsstil in das Unternehmen passt, und beleuchten Sie dabei beispielsweise die einzelnen Aufgabenbereiche, die Produktionsschritte und Arbeitsprozesse. Welcher Führungsstil verbindet die Anforderungen Ihres Betriebs mit dessen Unternehmensphilosophie? Inwiefern müssen Sie sich als Führungsperson verändern, um Ihre Mitarbeiter zu motivieren und die Prozesse sowie Abläufe im Unternehmen zu optimieren?

4.4 Motivations- und Kommunikations-psychologie

Desto zufriedener die Mitarbeiter sind, umso bessere Leistungen erbringen sie. Deshalb ist es für den Unternehmenserfolg überaus wichtig, dass Sie sich als Geschäftsleitung mit den Bedürfnissen Ihrer Angestellten auseinandersetzen. Wenn Sie ihre Interessen erkennen, dann haben Sie die Möglichkeit, sie gezielt zu motivieren. Bleibt dies auf der Strecke, so entfaltet sich das Potenzial der Mitarbeiter nicht vollständig. Sie bleiben weit unter ihren Möglichkeiten, was für die Umsetzung der Unternehmensziele nicht förderlich ist.

In der Betriebswirtschaftslehre wird an dieser Stelle sehr gerne die Bedürfnispyramide nach Maslow zur Veranschaulichung der Bedürfnisse von Mitarbeitern verwendet.

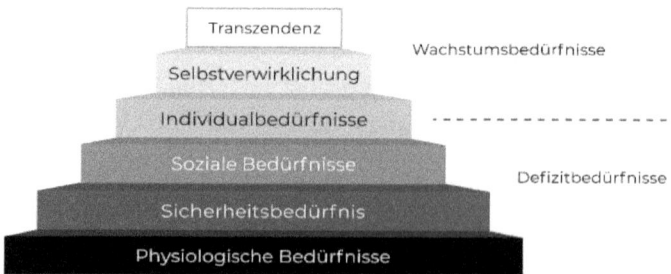

Die Basis bilden die physiologischen Bedürfnisse. Es handelt sich hierbei um das Bedürfnis nach Schlaf, Trinken oder Essen. Dinge, ohne die der Mensch nicht existieren kann. Kann eine Arbeit diese Anforderungen des Menschen nicht erfüllen, kann keine gute Leistung erbracht werden.

Die Sicherheit ist ebenfalls mit sehr wichtigen Bedürfnissen verbunden. Der Arbeitnehmer erwartet von seinem Arbeitsplatz,
dass dieser ihn im Falle einer Arbeitsunfähigkeit schützt. Dazu
gehört beispielsweise eine Krankenversicherung sowie der
Kündigungsschutz.

Die sozialen Bedürfnisse einer Person werden auf der nächsten
Ebene dargestellt und gehören ebenfalls zu den grundlegenden
Bedürfnissen eines Arbeitnehmers. Menschen sind soziale Wesen,
sie möchten sich in einer Familie oder einer Arbeitsgruppe ein-
gliedern, sich austauschen und in diesem sozialen Gefüge ge-
schützt werden.

5. Marketing und Absatz

Der Absatz der Produkte und Dienstleistungen bildet den letzten Schritt des betrieblichen Produktionsprozesses. Der Absatz geschieht auf dem Markt, also an jenem Ort, an dem Anbieter und Nachfrager zusammentreffen. Um auf diesem Markt als Unternehmen erfolgreich agieren zu können, ist ein Fokus auf die Absatzwirtschaft und damit eine Marketing-Orientierung notwendig. Was dies bedeutet und wie diese Orientierung umgesetzt werden kann, wird im nachfolgenden Kapitel beschrieben.

5.1. Teilbereich Marketing

In der betriebswirtschaftlichen Forschung gibt es keine allgemeingültige Definition des Marketingbegriffs. Gemeinhin wird unter Marketing die Planung, Koordination und Kontrolle aller auf die aktuellen und potenziellen Märkte ausgerichteten Unternehmensaktivitäten verstanden. Im Zentrum steht der Versuch der dauerhaften Befriedigung der Kundenbedürfnisse. Marketing erfordert daher eine markt- und kundenorientierte Unternehmensführung.

Die Umsetzung erfolgt durch das Marketing-Management, zu dessen Aufgaben die folgenden zählen:

- Produktbezogene Aufgaben: Anpassung des Leistungsprogramms an die Kundenwünsche; Beispiel: Produktverbesserungen, Produktneuentwicklungen

- Marktbezogene Aufgaben: Bearbeitung bestehender Märkte und Erschließung neuer Märkte; Beispiel: Marktforschung

- Kundenbezogene Aufgaben: Verbesserung der Kundenbindung und Gewinnung neuer Kunden; Beispiel: Werbung

- Handelsbezogene Aufgaben: Optimierung der Beziehungen zum Handel, Erschließung neuer Vertriebswege; Beispiel: Erstellung von Lieferantenprofilen, Sortimentsentscheidungen

- Konkurrenzbezogene Aufgaben: Erringung dauerhafter Wettbewerbsvorteile, Absicherung der eigenen Marktposition; Beispiel: Wettbewerbsanalysen

- Unternehmensbezogene Aufgaben: Koordinierung aller Marketingaktivitäten; Beispiel: Entwicklung des Marketing-Mix

Kernaufgaben des Marketing-Managements sind die Entwicklung von Marketingstrategien und der unternehmenseigenen Marketingpolitik. Auf beides wird in den nachfolgenden Kapiteln gesondert eingegangen.

Der Ablauf des Marketing-Managementprozesses ist in der nachfolgenden Tabelle dargestellt.

Phasen		
1.	Analyse	Analyse der Marketingsituation
2.	Planung	Marketingziele, Marktsegmente, Marketingstrategien, Marketingmaßnahmen (Marketingpolitik)
3.	Durchführung	Umsetzung der Marketingmaßnahmen
4.	Kontrolle	Kontrolle der Marketingergebnisse

Ausgangspunkt ist die Situationsanalyse. Hierbei geht es um die Beschaffung von Informationen über die aktuellen Bedingungen und die Erstellung von Marktprognosen. Diese Informationen werden in einer Chancen-Risiken-Analyse verwertet. Auch die Stärken und Schwächen des Unternehmens können auf Basis dieser Informationen erarbeitet werden. Da Marktverhältnisse sehr komplex sind, müssen verschiedene Faktoren gleichermaßen berücksichtigt werden, konkret:

- das eigene Unternehmen
- die Konkurrenten
- der Handel
- die Konsumenten
- sonstige relevante Rahmenbedingungen

Danach folgt die Planungs- und Durchführungsphase. Hier werden Marketingziele festgelegt, Marketingstrategien entwickelt und die konkreten Maßnahmen festgelegt.

Die Marketingziele werden für die einzelnen Funktionsbereiche des Unternehmens festgelegt. Dabei wird zwischen ökonomischen und psychologischen Zielen unterschieden:

- ökonomische Marketingziele: Gewinn, Absatz, Umsatz, Marktanteile

- psychologische Marketingziele: Image, Bekanntheitsgrad, Kundenpräferenzen, Kundenzufriedenheit, Kundenbindung

Um Marketingziele konkret bestimmen zu können, müssen fünf Zieldimensionen bestimmt werden:

- Zielinhalt: Was soll erreicht werden?

- Zielausmaß: In welchem Umfang soll das Ziel erreicht werden?

- Zielsegment: In welchem Marktsegment soll das Ziel erreicht werden?

- Zielgebiet: In welchem Gebiet soll das Ziel erreicht werden?

- Zielperiode: Bis wann soll das Ziel erreicht werden?

Sind diese Punkte festgelegt, folgt die konkrete Konzeptionierung. Auf die Marketingstrategien und die Marketingpolitik wird nachfolgend im Detail eingegangen.

5.2. Strategische Planung: Marketingstrategien

Marketingstrategien dienen dazu, einen Handlungsrahmen für die operativen und taktischen Marketinginstrumente festzulegen. Marketingstrategien orientieren sich an mittel- und langfristig getroffenen Grundsatzentscheidungen:

- Strategische Ausrichtung: Welche Dinge sind zu tun?

- Taktische und operative Ausrichtung: Wie können Dinge richtig gemacht werden?

Insgesamt lassen sich vier Strategieebenen unterscheiden, auf die nachfolgend im Detail eingegangen wird: (1) Marktfeldstrategie, (2) Marktstimulationsstrategie, (3) Marktparzellierungsstrategie, (4) Marktarealstrategie. Vorgelagert ist der Schritt, den Zielmarkt zu identifizieren und zu bestimmen.

5.2.1. Zielmarktbestimmung

Zur strategischen Marketingplanung gehört auch die konkrete Festlegung von Zielmärkten. Der Zielmarkt ist die Gesamtheit der aktuellen und potenziellen Kunden, die mit den Marketingaktivitäten angesprochen werden sollen. Der Zielmarkt kann wie folgt eingeteilt werden:

- Marketing-Maßnahmen können individuell für einzelne Zielkunden konzipiert werden. Dies ist insbesondere im Business-to-Business-Sektor der Fall.

- Werden die Marketing-Maßnahmen auf Gruppen von Konsumenten abgestimmt, spricht man von Zielgruppen. Hier ist eine effektive Marktsegmentierung notwendig.

- Handelt es sich um eine sehr inhomogene Masse von Kunden, kann diese auch einen Zielmarkt darstellen. In diesem Fall wird versucht, den Gesamtmarkt anzusprechen.

Zielmärkte können identifiziert werden, indem der Gesamtmarkt segmentiert wird. Es wird daher eine Abgrenzung zwischen mehr und weniger erfolgversprechenden Kundengruppen vorgenommen. Es gibt zahlreiche Möglichkeiten, Zielmärkte zu segmentieren. Neben den im Kapitel „Marktparzellierungsstrategie" aufgelisteten kundenbezogenen Kriterien können für den Zielmarkt zusätzlich auch organisationsbezogene Kriterien herangezogen werden:

- Organisationale Merkmale des Unternehmens: Branche, Standort, Größe, Bestellmengen, Technologien

- Merkmale der Beschaffungsorganisation: zentraler vs. dezentraler Einkauf, Auftragsvergabekriterien, Kaufkriterien, Lieferantentreue

- Merkmale der Kaufentscheidung: Beruf, Kaufmotive, Risikobereitschaft, Innovationsorientierung

Will ein Unternehmen nicht auf vorgefertigte Kriterien zurückgreifen, kann auch eine Zielmarkt-Studie durchgeführt werden. In jedem Fall muss die Segmentierung folgenden Kriterien entsprechen:

- Die ermittelten Zielgruppen sollten sich hinsichtlich ihrer Reaktion auf die Marketing-Maßnahmen des Unternehmens deutlich voneinander unterscheiden.

- Die Trennkriterien sollten messbar sein. Das ist besonders bei psychologischen Kriterien schwierig.

- Marktbearbeitungsmaßnahmen sind nur wirksam, wenn sie sich auf ausgewählte Zielmärkte konzentrieren, da nur so Streuverluste vermieden werden können.

- Die Trennkriterien sollten aussagekräftig sein und das Segment gut beschreiben können.

- Die Zielmärkte sollten stabil sein, da Entscheidungen über Zielmärkte langfristig orientiert sind.

- Kunden-Zielsegmente sollten groß genug sein und ausreichend Marktpotenzial eröffnen.

Wurden mögliche Zielwerte anhand solcher Kriterien ausgewählt, müssen diese bewertet werden. Durch die Bewertung ist es möglich, die für das Unternehmen erfolgversprechendsten Kunden herauszufiltern. Mögliche Bewertungsfaktoren sind die folgenden:

- Marktvolumen
- Wachstumspotenzial
- Preisbereitschaft
- Vorhandene Ressourcen
- Wettbewerbssituation

Auch für die Wahl der Zielmärkte gibt es verschiedene Strategien. Diese werden in der nachfolgenden Tabelle dargestellt.

	Differenzierungsgrad am Zielmarkt		
Marktabdeckung	**Undifferenziert**	**Zielgruppenspezifisch**	**Kundenindividuell**
Vollständig	Massenmarketing (Beispiel: Nivea)	Zielgruppen-Marketing auf dem Gesamtmarkt (Beispiel: Hotelgruppe Accor)	One-to-One-Marketing auf dem Gesamtmarkt (Beispiel: Amazon)
Teilweise	Konzentriertes Nischenmarketing (Beispiel: Body Shop)	Selektiv-differenziertes Zielgruppen-Marketing (Beispiel: BMW)	Klassisches One-to-One-Marketing (Beispiel: Anlagenbau)

Beim **Massenmarketing** ist eine Identifikation verschiedener Zielgruppen nicht notwendig. Der Ansatz strebt eine vollständige Marktabdeckung an. Es sollen daher alle Konsumenten angesprochen werden, nicht nur ausgewählte Gruppen. Diese Strategie ist für Standardprodukte geeignet.

Zielgruppen-Marketing auf dem Gesamtmarkt findet oftmals in internationalen Hotelketten statt. Hierbei wird eine bestimmte Konsumentengruppe – privat oder geschäftlich Reisende – angesprochen. Innerhalb dieses Segments werden durch die Hotelgruppe jedoch verschiedene Hotelmarken angeboten, die mehrere Segmente abdecken, beispielsweise Luxus, Low Budget, Wellness etc.

Ein Beispiel für **One-to-One-Marketing** ist Amazon. Hier besteht eine umfassende Angebotspalette, die praktisch sämtliche Käufergruppen und Bedürfnisse anspricht. Dies jedoch in individualisierter Form, die sich auf das (frühere) Kaufverhalten der Kunden bezieht. Daraus resultieren individuelle Kaufempfehlungen und spezielle Angebote.

Beim **Nischenmarketing** fokussiert sich die Zielmarkt-Festleg auf ein einzelnes Marktsegment. So konzentriert sich Body etwa auf eine klar umgrenzte Verbrauchergruppe, die viel W natürliche Produkte und die Einhaltung ethischer Grunds

Beim **selektiv-differenzierten Zielgruppen-Mar'** den hingegen ausgewählte Abnehmergruppen m' nen Marketing-Konzepten angesprochen. Dies Risikostreuung. Ein Beispiel hierfür sind Aut' schiedene Klassen ansprechen.

One-to-One-Marketing wird vor allem eingesetzt. Hierbei wirkt der Kunde bei d' des gewünschten Produkts bzw. der g mit. Beispiele für Dienstleistungen oder Unternehmensberatungen.

5.2.2. Marktfeldstrategie

Bei der Marktfeldstrategie werden die Art der Produkte festgelegt sowie die Märkte, auf denen die Produkte abgesetzt werden sollen. Dabei kann zwischen vier verschiedenen Strategien gewählt werden:

- Marktdurchdringung: Es wird ein erhöhter Einsatz derzeitiger Produkte auf derzeitigen Märkten angestrebt.

- Marktentwicklung: Es wird versucht, für derzeitige Produkte einen oder mehrere neue Märkte zu finden.

- Produktentwicklung: Es wird versucht, neue Produkte für bestehende Märkte zu entwickeln.

- Diversifikation: Neue Produkte sollen entwickelt und neue Märkte erschlossen werden.

5.2.3. Marktstimulationsstrategie

Bei der Marktstimulationsstrategie wird die Art und Weise der gewünschten Marktbeeinflussung und Marktsteuerung festgelegt. Hierfür lassen sich zwei Strategien unterscheiden:

- Präferenzstrategie / Hochpreisstrategie / Markenartikelstrategie: Bei dieser Strategie sollen qualitativ hochwertige Produkte zu einem hohen Preis angeboten werden. Hierfür müssen qualitative Präferenzen (Marken) ausgebaut werden, die den hohen Preis aus Konsumentensicht rechtfertigen. Zielgruppe sind Marken-Käufer.

- Preis-Mengen-Strategie / Niedrigpreisstrategie / Discountstrategie: Bei dieser Strategie liegt der Fokus auf dem Preiswettbewerb. Zielgruppe sind Preis-Käufer, die sich für billige Produkte entscheiden.

5.2.4. Marktparzellierungsstrategie

Bei der Marktparzellierungsstrategie wird die Art und Weise der Marktabdeckung festgelegt. Hierfür stehen ebenfalls zwei verschiedene Strategien zur Verfügung:

- Massenmarktstrategie: Bei dieser Strategie wird auf Standardprodukte gesetzt, die durchschnittliche Bedürfnisse der Konsumenten befriedigen sollen. Unterschiedliche Bedürfnisse der Konsumenten werden hierbei nicht berücksichtigt.

- Marktsegmentierungsstrategie: Bei der Marktsegmentierung geht es um die Aufteilung eines Gesamtmarktes in möglichst homogene Käufergruppen. Das Ziel ist die differenzierte Ansprache der verschiedenen Gruppen.

Die Marktsegmentierung kann nach verschiedenen Faktoren erfolgen:

- Demographische und geografische Faktoren: Alter, Geschlecht, Familienstand, Wohnort etc.

- Ökonomische und soziale Faktoren: Einkommen, Ausbildung, Beruf

- Kaufverhalten: Kaufhäufigkeit, Einkaufsort

- Produktnutzung: Verwendungszweck, Wichtigkeit von Produkteigenschaften

- Persönlichkeit und Lebensstil: Freizeitverhalten, Lebenseinstellung

5.2.5. Marktarealstrategie

Durch die Marktarealstrategie wird der Absatzraum des Unternehmens bestimmt. Hierbei gibt es zwei unterschiedliche Handlungsfelder:

- Nationale Strategie: Hier liegt der Fokus auf der lokalen, regionalen, überregionalen und nationalen Markterschließung.

- Übernationale Strategie: Hier liegt der Fokus auf einer multinationalen, internationalen oder weltweiten Markterschließung

5.2.6. Positionierung

Nachdem die strategischen Rahmenbedingungen festgelegt wurden, aber bevor ins operative Marketinggeschäft eingestiegen werden kann, muss noch eine Positionierung des Unternehmens am Markt vorgenommen werden. Die Positionierung knüpft an eine der Kernaufgaben des Marketings an, nämlich an den Aufbau von Wettbewerbsvorteilen. Mit der Positionierung wird die Planung und Umsetzung von Maßnahmen verstanden, die darauf abzielen, das Unternehmen in der Wahrnehmung der Zielkunden klar von der Konkurrenz zu differenzieren.

Auch dieser Vorgang muss strategisch geplant werden. Das Unternehmen kann verschiedene Differenzierungsinstrumenten einsetzen. Diese sind in der nachfolgenden Tabelle dargestellt.

Instrument	Beispiele
Angebotsprogramm	Qualität, Design, Leistungsangebot, Modernität, Serviceniveau
Mitarbeiter	Zuverlässigkeit, Fachkompetenz, Vertrauenswürdigkeit
Preisniveau	Wahrgenommenes Preis-Leistungs-Verhältnis
Distribution	Schnelligkeit, Erhältlichkeit
Werte, Identität	Nachhaltigkeit, soziale Werte, Verantwortung
Image	Marke, Status

Mit der Positionierung eng zusammen hängt die Markenführung des Unternehmens, weil die Positionierung im Wesentlichen über Marken erfolgt. Die Marke hat dabei die Aufgabe, beim Abnehmer als Symbol für eine bestimmte Leistung bzw. Leistungsfähigkeit wahrgenommen zu werden. Auch hier kann wiederum zwischen verschiedenen Markenstrategien unterschieden werden. Diese sind in der nachfolgenden Tabelle dargestellt.

Markentyp	Beschreibung	Beispiele
Einzelmarke	Für jede Leistung wird eine eigene Marke entwickelt	Merci, Nimm2, Knoppers (Inhaber: Storck)
Mehrmarke	Mehrere eigenständige Marken werden in demselben Leistungsbereich parallel angeboten	Persil, Perwoll, Weißer Riese (Inhaber: Henkel)
Familienmarke	Mehrere Leistungen werden unter einer gemeinsamen Marke geführt	Aspirin (Plus C, Effect, …)
Dachmarke	Alle Leistungen eines Unternehmens werden unter einer Marke geführt	McDonalds, Siemens

5.3. Operative Planung: Marketingpolitik und -instrumente

Nach der Formulierung der Marketingziele, der Festlegung der Zielmärkte und der Entwicklung der Marketingstrategien erfolgt die operative Umsetzung. Hierzu zählt zum einen die Kalkulation des Marketingbudgets und zum anderen die Festlegung der Marketingpolitik. Hierzu zählen die Produktpolitik, die Kontrahierungspolitik, die Distributionspolitik und die Kommunikationspolitik.

5.3.1. Marketingbudget

Bei der Kalkulation des Budgets geht es um den Prozess der Erstellung und Kontrolle von zielorientierten Vorgaben mit einem festgelegten Verbindlichkeitsgrad und einem festgelegten zeitlichen Horizont. Es existiert eine Vielzahl von Ansätzen, um das Marketingbudget festzulegen. In der Praxis haben sich bislang jene Ansätze durchgesetzt, die sich an ökonomischen Größen wie Umsatz, Absatz oder Gewinn orientieren. Das Budget wird dann als prozentualer Anteil einer dieser Größen formuliert.

Dieses Vorgehen ist einfach zu handhaben, allerdings wird die Effektivität hinterfragt. Erfolgsgrößen sind stets vergangenheitsbezogen, ein Marketingbudget muss hingegen für künftige Aktivitäten geplant werden. Der Zusammenhang zwischen beispielsweise einem niedrigen Umsatz in der Vergangenheit und einem daraus resultierenden niedrigen Marketingbudget in der Zukunft ist nicht schlüssig. Vielmehr wäre es in so einer Situation sinnvoll, mehr Geld für Marketing zur Verfügung zu stellen.

Es gibt einige weitere Anknüpfungspunkte, die helfen, ein Budget festzulegen:

- Das Budget sollte sich an den Kosten orientieren, die bei der Realisierung der angestrebten Marketingstrategien wahrscheinlich entstehen.

- Auch die Marketingausgaben der Wettbewerber können aufschlussreich sein, sofern die Zahlen verfügbar sind.

5.3.2. Produktpolitik

Die Produktpolitik bildet den Kern des operativen Marketings. Ohne Produkt wäre kein Marketing notwendig. Die Produktpolitik ist entsprechend bedeutend, denn in dieser Phase wird die Entscheidung darüber getroffen, welches Produkt am Markt angeboten werden soll.

Die Produktpolitik ist komplex und umfasst alle Aktivitäten, die sich mit der Erstellung einer marktgerechten Leistung beschäftigen. Sie umfasst zwei unterschiedliche Dimensionen:

- Sachliche Dimension: Produktkern, Design, Verpackung, Markierung, begleitende Dienstleistung

- Zeitliche Dimension: Innovation, Modifikation, Differenzierung, Elimination

Die **zeitliche Dimension** bezieht sich auf den Marktzyklus der Produkte, an dessen Beginn die Markteinführung und an dessen Ende meist die Elimination steht. Startpunkt und Endpunkt sind bei jedem Produkt gegeben. Der Verlauf des Produktzyklus zwischen diesen beiden Punkten variiert. Aufgabe der Produktpolitik ist es hier, mit Hilfe der Instrumente Modifikation und Differenzierung über den weiteren Verlauf des Produkts zu entscheiden. Diese können sich auf verschiedene Aspekte der sachlichen Dimension beziehen, beispielsweise kann sich die Veränderung eines Produkts im Rahmen einer Modifikation auf das Design beziehen.

Wesentlich im Produktzyklus ist der Startpunkt, also die Innovation. Innovationen sind Produkte oder Dienstleistungen, die in einen Markt eingeführt werden und einen bestimmten Neuheitsgrad aufweisen. Hierbei lassen sich wiederum verschiedene Dimensionen unterscheiden:

- Subjektdimension: Hier stellt sich die Frage, für wen das Produkt ein neues Produkt darstellt. Um diese Frage zu beantworten, ist viel Kenntnis über die Bedürfnisse der Konsumenten wichtig.

- Intensitätsdimension: Bei dieser Dimension wird zwischen radikalen und inkrementellen Innovationen unterschieden. Radikal sind Innovationen, wenn ein Produkt bisher nicht existiert hat und Bedürfnisse auf neue Art befriedigt werden. Inkrementelle Innovationen bauen hingegen auf einem bestehenden Konzept auf. Modifikation und Differenzierung spielen hierbei eine bedeutende Rolle.

- Zeitdimension: Hier geht es darum, wie lange nach der Markteinführung ein Produkt noch als Innovation bezeichnet werden kann. Können Wettbewerber ein Produkt sehr schnell imitieren, ist die Zeitdimension verkürzt.

- Raumdimension: Bei der Raumdimension geht es darum, wo ein Produkt eingeführt wird. Eine Innovation kann zeitlich verzögert in mehr oder weniger unabhängigen Märkten eingeführt werden (die sogenannte Wasserfallstrategie).

Der Prozess der Innovation beginnt mit der Ideensuche und Ideengewinnung. Danach folgen die Wirtschaftlichkeitsanalyse, die Produktentwicklung, der Produkttest und die Einführung.

Direkt nach der Markteinführung tritt das Produkt in Konkurrenz mit anderen Produkten. Die Nachfrager bestimmen den „Wert" des neuen Produkts. Mitunter ist es notwendig, Produkte an die Bedürfnisse der Nutzer anzupassen (Modifikation). Hierbei kann es zu geschmacklichen, optischen oder funktionalen Veränderungen kommen. Etwas später im Produktzyklus kann auch darüber nachgedacht werden, neben dem eigentlichen Produkt weitere Varianten anzubieten (Differenzierung). Diese Variationen können sich auf funktionale, ästhetische oder symbolische Eigenschaften beziehen.

Am Ende des Lebenszyklus steht die Elimination. Hier wird ein Produkt aus dem Angebotsprogramm entfernt. Die Entscheidung muss an objektiven Kriterien festgemacht werden. Häufig werden ökonomische Kriterien wie der Deckungsbeitrag des Produkts herangezogen. Möglich sind aber auch psychologische Kriterien, etwa ein Imageschaden.

Neben der zeitlichen Dimension müssen auch die verschiedenen Faktoren der **sachlichen Dimension** betrachtet werden. Die einzelnen Faktoren können wie folgt beschrieben werden:

- Produktkern: Der Produktkern beschreibt den Nutzen eines Produktes und begründet damit, warum ein Kunde das Produkt kauft bzw. kaufen soll. Aus der Sicht des Kunden ist die Qualität der Erfüllung des Produktnutzens die wesentliche Kaufüberlegung.

- Design: Das Design ist ebenfalls wichtig und ausschlaggebend dafür, ob ein Produkt vom Kunden gekauft wird oder nicht. Faktoren wie Farbe, Form, Material, Klang und Geruch definieren das Produkt und beeinflussen, inwiefern es einen bestimmten Nutzen für den Kunden erfüllen kann oder nicht.

- Verpackung: Bei der Verpackung geht es um die absatzwirtschaftliche Funktion. Hier wird zwischen Verkaufsverpackung, Umverpackung und Transportverpackung unterschieden. Aus Kundenperspektive ist die Verkaufsverpackung kaufentscheidend und notwendig, um dem Kunden das Produkt in einer für ihn akzeptablen Weise anzubieten. In diesem Sinne muss die Verpackung eine Informationsfunktion, eine Verkaufsfunktion und eine Verwendungsfunktion innehaben.

- Markierung: Die Markierung bezeichnet die Namensgebung des Produkts. Oftmals ist diese Entscheidung sehr wichtig für den Erfolg eines Produkts, manchmal spielt sie aber auch überhaupt keine Rolle. So kann der Name etwa bei Autos, Schmuck oder Smartphones bedeutend sein, während es bei Papier oder Druckern kaum bedeutend ist, welchen Namen ein Produkt trägt, weil hier die Funktion im Vordergrund steht.

- Begleitende Dienstleistung: Wesentlich ist auch die begleitende Dienstleistung eines Produkts. Dabei handelt es sich um Dienstleistungen, die im Zusammenhang mit Produkten erbracht werden bzw. diese ergänzen. Begleitende Dienstleistungen lassen sich durch verschiedene Merkmale beschreiben: (1) die Erbringung erfolgt für externe Abnehmer; (2) die Abnehmer sind Unternehmen; (3) die Dienstleistung weist einen Zusammenhang mit dem Produkt auf; (4) sowohl Produkt als auch Dienstleistung werden von demselben Unternehmen erstellt bzw. erbracht.

Die **Aufgabe der Produktpolitik** besteht nunmehr darin, die sachliche und die zeitliche Struktur so zusammenzuführen, dass das einzelne Produkt möglichst optimal betreut wird.

5.3.3. Kontrahierungspolitik

Die Kontrahierungspolitik hat das Ziel, den Absatz eines Unternehmens zu steigern und umfasst alle Maßnahmen, die die Kaufentscheidung des Kunden positiv beeinflussen können. Dieser Bereich des Marketingmix beinhaltet alle Lieferungs-, Zahlungs- und Kreditierungsbestimmungen eines Unternehmens inklusive Rabatte, Skonti, Zahlungsziele und Garantiebestimmungen. Die Kontrahierungspolitik bestimmt sohin vorwiegend monetäre Größen, dennoch müssen auch nichtmonetäre Größen in die Kalkulation einbezogen werden.

Das Ziel ist es, den optimalen Preis für ein Produkt zu finden. Dieser wird auch von Preisen und Konditionen der Wettbewerber und der Zahlungsbereitschaft der Kunden beeinflusst. Aus dem Zusammenspiel zwischen unternehmenseigenen Kosten, Marktpreisen und Kundenwahrnehmung ergibt sich ein preispolitischer Spielraum für das Unternehmen. Der Kunde wird sich für jenes Produkt entscheiden, bei dem das Kosten-Nutzen-Verhältnis am höchsten ist. Vor diesem Hintergrund gibt es für Unternehmen drei mögliche Strategien der Preisbildung:

- Orientierung an den eigenen Produktionskosten: Dies gelingt unter Berücksichtigung mikroökonomischer Faktoren mit dem Ziel, den Unternehmensgewinn zu maximieren. Die Preisbildung ergibt sich aus der Produktions- und Kostenfunktion des Produkts und findet sich zwischen der Deckung der durchschnittlichen variablen Kosten (Betriebsminimum) und der Deckung der gesamten Durchschnittskosten (Betriebsoptimum). Diese Orientierung führt in der Regel zu erhöhten Preisen, die am Markt nicht konkurrenzfähig sind. Aus diesem Grund muss in der Praxis umgekehrt vorgegangen werden, indem nicht die unternehmensinterne Perspektive am Beginn der Preisbildung steht, sondern die Marktperspektive, also die Marktpreise. Der Preis bildet sich ausgehend vom Marktpreis unter Berücksichtigung einer eigenen Marge.

- Orientierung an der (möglichen) Reaktion der Konkurrenz: Bei diesem Ansatz steht die Marktaufteilung im Vordergrund. Ausgangspunkt ist die Frage, ob auf dem Markt ein Monopol, Oligopol oder Polypol vorherrscht. Oligopole sind am häufigsten zu beobachten, beispielsweise im Lebensmittelbereich. Hier muss von einer hohen Reaktionsverbundenheit unter den Wettbewerbern ausgegangen werden. Das bedeutet, dass eine Preissenkung im eigenen Unternehmen mit hoher Wahrscheinlichkeit zu einer Preisreaktion der Wettbewerber führen wird. Hier sind zwei Strategien möglich: (1) den Preiskampf weiterführen, bis ein Unternehmen aufgibt und aus dem Markt ausscheidet; (2) eine stillschweigende Einigung über den akzeptablen Preis unter Konkurrenten aushandeln. Offiziell sind derartige Absprachen zwar verboten, dennoch ist diese Strategie in der Praxis die am häufigsten angewendete.

- Orientierung an den Verhaltensweisen der Kunden: Hier wird der Preis danach bestimmt, welche Reaktion der Kunden auf einen solchen Preis erwartet wird. Der Fokus liegt auf der Frage, wie beim Kunden zusätzliche Kaufanreize geschaffen werden können. Betrachtet werden verschiedene Zahlungsmöglichkeiten, mögliche Preisreduktionen oder auch nicht-monetäre Faktoren (etwa Opportunitätskosten oder Informationskosten, die entstehen, wenn die Informationsbeschaffung über ein bestimmtes Produkt für den Kunden mit einem hohen Aufwand verbunden ist).

Beim letzten Punkt gilt es zu beachten, dass sich Kunden in der Regel Informationen aus dem Internet beschaffen. Es muss daher das Ziel des Unternehmens sein, in Suchergebnissen möglichst weit oben zu erscheinen.

5.3.4. Distributionspolitik

Die Distributionspolitik beschäftigt sich mit der Frage, wie das Produkt oder die Dienstleistung zur richtigen Zeit in der richtigen Qualität und Quantität am richtigen Ort angeboten werden kann. Dies entspricht der Kernaufgabe der Logistik (siehe Kapitel „Logistik").

Neben der Frage der Logistik befasst sich die Distributionspolitik aber auch mit Absatzkanälen. Hier muss die Frage beantwortet werden, welche Organe zwischen produzierendem Unternehmen und Kunde stehen können und in welcher Form diese Organe mit dem Kunden kommunizieren können. Dies kann grundsätzlich in drei Vertriebsformen umgesetzt werden:

- Persönlicher Verkauf: Hierbei handelt es sich um den klassischen Tür-zu-Tür-Verkauf, der von Außendienstmitarbeitern durchgeführt wird, sowie um den klassischen Ladenverkauf, beispielsweise im Lebensmitteleinzelhandel. Auch der Messeverkauf fällt unter diese Kategorie.

- Distanzpersönlicher Verkauf: Hier erfolgt der Verkauf über Telefon oder Videokonferenzen. Der Telefonverkauf kann auch zur Vorbereitung auf den Besuch eines

Außendienstmitarbeiters dienen oder zur Gewinnung neuer Kunden.

- Mediengestützter Verkauf: Hier wird der klassische Versandhandel eingesetzt, insbesondere Fernseh-Shopping und Online-Handel.

Die Entscheidung über die richtige Distributionspolitik erfolgt in mehreren Phasen. Diese sind in der nachfolgenden Tabelle dargestellt.

Absatzkanalstruktur		
Vertikal		Horizontal
Direkter Absatz	Indirekter Absatz • Rechtlich und wirtschaftlich frei • Vertraglich gebunden (z. B. Franchising)	• Breite Festlegung der grundsätzlichen Art der Absatzmittler (Betriebsform) • Tiefe Festlegung der Ausprägung der Betriebsform (Betriebstyp) • Tiefe Festlegung der Anzahl der Absatzmittler

Bei den Teilnehmern entlang des Vertriebsweges eines Unternehmens wird zwischen Absatzmittler und Absatzhelfer unterschieden. Absatzmittler sind rechtlich und wirtschaftlich selbstständig und unmittelbar an der Verteilung der Produkte und Dienstleistungen beteiligt. Ein Beispiel hierfür sind Zwischenhändler. Absatzhelfer sind hingegen indirekt am Vertrieb beteiligt und erwerben kein Eigentum an der Ware. Ein Beispiel hierfür sind Speditionen.

Die Struktur der Absatzkanäle unterteilt sich in eine vertikale und eine horizontale Dimension. Bei der vertikalen Dimension geht es um die Entscheidung über die direkte oder indirekte Absatzkanalstruktur. Beim direkten Vertrieb besteht ein direkter Kundenkontakt, beim indirekten Vertrieb ist mindestens eine Stufe zwischen Unternehmen und Kunden zwischengeschaltet.

Des Weiteren müssen Breite und Tiefe der Absatzkanäle fest-gelegt werden. Mit der Breite wird die Art der Absatzmittler je Absatzstufe beschrieben, mit der Tiefe die Anzahl der ein-zusetzenden Absatzmittler. Bei der Breite wird beispielsweise zwischen Einzel- und Großhandel unterschieden, während bei der Tiefe zwischen verschiedenen Formen des Handels, etwa Sortimentsgroßhandel, Spezialgroßhandel oder Cash-und-Carry unterschieden wird.

Im Rahmen der Distributionspolitik muss auch über die unter-nehmensinterne Organisationsstruktur entschieden werden. Im Bereich des Vertriebs wird zwischen folgenden Positionen unter-schieden:

- Vertriebsleiter
- Außendienstmitarbeiter
- Innendienstmitarbeiter
- Kundendienstmitarbeiter
- Weboffice
- Key-Account-Manager

Zuletzt muss in der Distributionspolitik auch über eine Vertriebs-strategie entschieden werden. Hierfür bestehen verschiedene Erfolgsfaktoren. Zum einen muss jedem Mitarbeiter eine ein-heitliche und bekannte Vertriebsstrategie vorliegen, zum anderen müssen die für die Umsetzung verantwortlichen Mitarbeiter ein-deutig festgelegt werden.

5.3.5. Kommunikationspolitik

Bei der Kommunikationspolitik werden alle Instrumente koordiniert, die als Träger für jene Informationen eingesetzt werden, die auf den Absatzmarkt gerichtet sind. Solche Träger sind insbesondere:

- Klassische Werbung
- Öffentlichkeitsarbeit

- Verkaufsförderung
- Sponsoring
- Product-Placement
- Direktkommunikation
- Messen
- Eventmarketing

Die Möglichkeit, Informationen über viele verschiedene Kanäle zu verbreiten, führt zu einem hohen Koordinationsaufwand innerhalb der Kommunikationspolitik. Zielführend ist eine koordinierende Gesamtstrategie. In der Praxis wird hier oft zur Lasswell-Formel gegriffen:

- Wer (Unternehmen),

- sagt was (Kommunikationsbotschaft),

- unter welchen Bedingungen (Umwelt- und Wettbewerbssituation),

- über welche Kanäle (Kommunikationsinstrumente),

- auf welche Art und Weise (Gestaltung der Kommunikationsbotschaft),

- zu wem (Zielgruppe),

- mit welcher Wirkung (Kommunikationserfolg)?

Aus dieser grundlegenden Strategie wird ein Kommunikationsplan erstellt, der auch das Wettbewerbsumfeld, die Zielgruppe und die finanziellen Ressourcen mit einbezieht.

Da es zahlreiche Möglichkeiten gibt, einen solchen Kommunikationsplan zu erstellen, ist die Herausforderung entsprechend groß, den Kommunikationsmix so zu gestalten, dass er optimal zu den Unternehmenszielen passt. Essenziell ist, dass der Kommunikationsmix zum Marketing-Mix passt. Dieser wird nachfolgend beschrieben.

5.4. Marketing-Mix

Der Marketing-Mix ist die für einen bestimmten Planungszeitraum ausgewählte Kombination von Marketing-Aktivitäten. Die Abstimmung dieser Aktivitäten ist komplex, weil es eine Vielzahl von Kombinationsmöglichkeiten innerhalb der einzelnen dargestellten Marketingpolitikinstrumente gibt. Zwischen den Instrumenten bestehen zudem zahlreiche wechselseitige Abhängigkeiten. Erschwerend kommt hinzu, dass der Erfolg einzelner Maßnahmen oder Instrumente nur schwer prognostizierbar ist. Daher ist eine genaue Planung des Marketing-Mix erforderlich.

Ein hilfreicher Anknüpfungspunkt liegt hier in der Marktforschung. Der Prozess der Marktforschung gliedert sich in folgende Phasen:

- Problemformulierung
- Auswahl der Forschungsmethode
- Durchführung der Studie
- Dokumentation der Ergebnisse

Die Informationsbeschaffung kann primär durch eine neue Marktforschungsstudie geschehen oder sekundär, indem bereits bekannte Daten aufbereitet, ausgewertet und analysiert werden. Für die Primärforschung stehen verschiedene Methoden zur Verfügung, insbesondere Befragung, Beobachtung und Experiment.

Ziel der Marktforschung ist es, den Erfolg als Anbieter von Produkten oder Dienstleistungen am Markt zu steigern. Die Ergebnisse der Marktforschung helfen dabei, Risiken und Chancen in bestimmten Kundensegmenten besser einschätzen zu können. Derartige Informationen fließen auch ins Marketing bzw. den Marketing-Mix ein, der anhand dieser Informationen besser geplant werden kann.

Der optimale Marketing-Mix führt die vier beschriebenen Marketingpolitik-Ansätze zusammen. Der Marketing-Mix bündelt die geplanten Maßnahmen und deckt alle Bereiche des Marketings ab. Ziel ist es, die Zielgruppe effektiv anzusprechen und diese langfristig an das Unternehmen zu binden.

In der Praxis wird der Marketing-Mix auf Basis der aus der Marktforschung kommenden Ergebnisse erstellt, wobei folgende Fragen als Grundlage für die Auswahl der geeigneten Instrumente dienen:

- Um welches Produkt handelt es sich? (Was)
- Wofür wird es benötigt? (Wieso)
- Zu welchem Zeitpunkt wird das Produkt verwendet? (Wann)
- Wie wird es genutzt? (Wie)
- Was ist der Preis? (Wie viel)
- Wer wird es verwenden? (Wer)

Der Marketing-Mix ist der Grundbaustein des Marketingkonzepts. Er entscheidet wesentlich über Erfolg und Misserfolg der angebotenen Produkte und Dienstleistungen und damit über Erfolg oder Misserfolg des gesamten Unternehmens.

6. Finanzierung und Investition

Die Finanzierung eines Unternehmens ist in jeder Unternehmensphase von großer Bedeutung, denn ohne solide finanzielle Basis gibt es keine Unternehmensgründung und auch keine Unternehmensfortführung. In diesem Sinne umfasst die Finanzierung alle Maßnahmen, die der Bereitstellung von Kapital dienen. Dabei wird zwischen verschiedenen Finanzierungsformen und -arten unterschieden. Diese werden nachfolgend im Detail beschrieben.

6.1. Die wichtigsten Begriffe

Die Finanzierung ist Teilbereich der unternehmerischen Finanzwirtschaft. Mit dem Begriff der Finanzwirtschaft werden alle Maßnahmen zur Planung, Steuerung und Kontrolle der Zahlungsströme umschrieben. Die Finanzierung nimmt hier die Aufgabe der Kapitalbeschaffung für das Unternehmen wahr. Das Zusammenspiel der einzelnen Eckpfeiler der Finanzwirtschaft ist in der nachfolgenden Tabelle dargestellt.

Finanzwirtschaft		
Finanzierung	**Investition**	**Zahlungsverkehr**
Kapitalbereitstellung	Kapitalverwendung	Kapitalverwaltung
Eigenkapital *Hybridkapital* *Fremdkapital*	*Anlagevermögen* *Umlaufvermögen*	*Kapitaltransfer*

Finanzierung und Investition können als Gegenstücke begriffen werden. Während die Investition die Anlage von Finanzmitteln darstellt, beschafft die Finanzierung die notwendigen Finanzmitteln. In der Unternehmensbilanz wird demnach zwischen Vermögens- und Kapitalseite bzw. zwischen Finanzmittelbeschaffung und Finanzmittelverwendung unterschieden:

- Finanzmittelbeschaffung = Finanzierung = Passiva
- Finanzmittelverwendung = Investition = Aktiva

Zur Aktiva eines Unternehmens gehören das Anlagevermögen (Sachanlagen, immaterielle Anlagen, Finanzanlagen) und das Umlaufvermögen (Vorräte, Forderungen, Wertpapiere, Zahlungsmittel). Zur Passiva gehören das Eigenkapital (Kapital, Rücklagen, Jahresüberschuss) und das Fremdkapital (Verbindlichkeiten).

Die Finanzmittel werden für Anlage- und Umlaufvermögen im Unternehmen verwendet. In diesem Vermögen sind die Finanzmittel des Unternehmens gebunden. Sie werden von Eigenkapitalgebern als Eigenkapital oder von Fremdkapitalgebern als Fremdkapital zur Verfügung gestellt.

Ziel eines Unternehmens sollte es sein, die Erträge aus der Investition immer höher zu halten als die Finanzierungskosten. Hier spielt auch der Zahlungsverkehr mit seiner kapitalverwaltenden Rolle eine große Bedeutung. Die Kapitalverwaltung befasst sich mit der Abwicklung der Einnahmen und Ausgaben eines Unternehmens. Hier ist wiederum das Ziel, sämtlichen Zahlungsverpflichtungen termingerecht und vollumfänglich nachzukommen. Kann ein Unternehmen dies nicht mehr, ist es nicht mehr liquide. Nicht mehr liquide zu sein ist der häufigste Insolvenzgrund in Deutschland.

Bei der Bewertung der Liquidität eines Unternehmens spielt es keine Rolle (mehr), ob das Unternehmen Gewinn oder Verlust macht, einzig die Zahlungsfähigkeit ist von Interesse. Aufgrund der hohen Bedeutung der Liquidität werden die Ziele der gesamten unternehmerischen Finanzwirtschaft danach ausgerichtet, konkret:

- Liquiditätssicherung
- Rentabilitätssteigerung
- Aufrechterhaltung der finanziellen Sicherheit
- Aufrechterhalten der finanziellen Unabhängigkeit

Diese Ziele betreffen nahezu alle Unternehmensbereiche, insbesondere die Bereiche Controlling, Rechtsabteilung und Rechnungswesen. Die Finanzwirtschaft spielt aber für die gesamte Unternehmensentwicklung eine bedeutende Rolle, denn ein Unternehmen kann sich nur dann weiterentwickeln, wenn für die geplanten Projekte finanzielle Ressourcen vorhanden sind. Daher ist ein Unternehmen ohne ein funktionierendes Finanzmanagement nicht lebensfähig.

Bei der Betrachtung Finanzierung vs. Investitionen spielt auch der Cashflow eine wesentliche Rolle. Der Cashflow gehört zu den wichtigsten finanzwirtschaftlichen Steuerungsgrößen, denn er gibt Auskunft über die Liquiditätslage des Unternehmens. Der Cashflow betrachtet die innerhalb eines bestimmten Zeitraums erzielten Zuflüsse an liquiden Mitteln. Dabei ist der Umsatz aus dem Verkauf der eigenen Produkte oder Dienstleistungen der wichtigste Geldzufluss. Daraus folgt:

- Die Umsatzerlöse sind die wichtigste Einzahlung innerhalb eines Betrachtungszeitraums.

- Die wichtigsten Ausgaben sind die Materialausgaben für die Herstellung der Produkte. Ebenso wichtige Ausgaben sind Personalkosten, Zinsen für Fremdkapitalgeber und Dividenden für Eigenkapitalgeber. Hinzu kommen Steuern und Abgaben.

- Die Differenz zwischen allen Einzahlungen und Auszahlungen ist der Cashflow.

Mit dem Cashflow kann das Unternehmen seine Schulden begleichen und neue Investitionen tätigen. Ist der Cashflow hoch, hat das Unternehmen einen großen Entscheidungsspielraum für operative und auch strategische Entscheidungen. Der Cashflow gehört in diesem Sinne auch zu den wichtigsten Kennzahlen eines Unternehmens.

Bei der Liquidität muss beachtet werden, dass diese für das Unternehmen immer mit Kosten verbunden ist. Liquide zur Verfügung stehende Finanzmittel verzinsen sich in der Regel nicht bzw. wenn, dann nur mit einem sehr geringen Zinssatz. Aus diesem Grund ist die Finanzmittelplanung im Unternehmen sehr wichtig. Diese orientiert sich an folgenden Faustregeln:

- Zum einen sollten nicht zu viel nicht benötigte Finanzmittel auf dem Girokonto zur Verfügung stehen, da sie keine Verzinsung erwirtschaften.

- Zum anderen sollen nicht zu wenige Finanzmittel zur Verfügung stehen, da es sonst zu einer Überziehung des Kontos kommen kann, was hohe Kosten verursacht.

Um die Finanzierung zu sichern, stehen dem Unternehmen verschiedene Möglichkeiten zur Verfügung. Alle Finanzierungsformen verursachen jedoch Finanzierungskosten. Die Kosten bestehen zum einen in der Verzinsung und zum anderen im Beschaffungsaufwand (suchen, finden, prüfen, verhandeln und abschließen von Finanzierungen).

Im Zusammenhang mit der Finanzierung spielt auch die Bonität eines Unternehmens eine bedeutende Rolle. Sie drückt die Kreditwürdigkeit eines Unternehmens aus. Ein potenzieller Schuldner wird nach seiner Zahlungsfähigkeit eingestuft. Diese Einstufung übernehmen Ratingagenturen. Die Finanzierungskosten eines Unternehmens werden durch solche Ratings beeinflusst. Je besser das Rating ausfällt, desto höher ist die Kreditwürdigkeit eines Unternehmens und desto niedriger fallen in der Regel die Finanzierungskosten aus.

6.2. Die Finanzierung eines Unternehmens planen

Die Finanzierung eines Unternehmens hängt von verschiedenen Faktoren ab, wobei Finanzentscheidungen stets die vier bereits genannten Ziele der unternehmerischen Finanzwirtschaft beachten müssen:

- Rentabilität
- Sicherheit
- Liquidität
- Unabhängigkeit

Diese vier Ziele führen zu Zielkonflikten, denn

- Investoren sind an einer angemessenen Verzinsung ihrer Anlage interessiert. Sie achten daher auf die Rentabilität. Die Rentabilität zeigt das Verhältnis zwischen einer Erfolgsgröße (etwa Umsatz, Gewinn) zum eingesetzten Kapital. Sie misst daher den betrieblichen Erfolg.

- Hier besteht ein Zielkonflikt zwischen Rentabilität und Liquidität sowie Sicherheit. Eine Investition kann nicht zugleich rentabel, liquide und sicher sein. Je liquider eine Investition ist, desto geringer ist die Rentabilität.

- Für das Unternehmen selbst ist hingegen die Liquidität wichtig. Liquidität bedeutet Sicherheit. Der Faktor Sicherheit bezieht sich auf die finanziellen Risiken. Hier besteht ein Spannungsfeld zwischen Rentabilität, Liquidität und Sicherheit.

- Je höher die Liquidität, desto höher oftmals auch die Abhängigkeit von Fremdkapitalgebern.

Zusammengefasst besteht das grundsätzliche Spannungsverhältnissen aufgrund folgender Zusammenhänge: Sicherheit senkt die Rentabilität; höhere Rentabilität senkt die Liquidität; die Liquidität unterstützt Sicherheit.

Die Zielsetzungen können nicht für sich alleine betrachtet werden, sondern stehen in direktem Zusammenhang mit den Unternehmenszielen. Das höchste Unternehmensziel ist in der Regel die Maximierung des Marktwerts des Eigenkapitals. Aus diesem Grund werden alle finanziellen Entscheidungen daran ausgerichtet. Oberstes Ziel ist daher eine rentable Verwendung des Eigen- und Fremdkapitals.

6.2.1. Eigenkapital

Das Eigenkapital stammt von den Eigentümern des Unternehmens. Diese sind mit ihrer Eigenkapitaleinzahlung am Unternehmen beteiligt. Eigenkapital steht dem Unternehmen daher in der Regel unbefristet zur Verfügung. Aus diesem Grund gilt es auch als illiquide, weil es gebunden ist und aus Investorensicht nicht zur Verfügung steht. Es dient zugleich als Haftkapital für Verluste.

Eigenkapitalgeber haben im Gegensatz zu Fremdkapitalgebern Mitspracherechte und sind in die unternehmerischen Entscheidungen eingebunden. Weil der Eigenkapitalgeber Kapital bereitgestellt hat, ist er an einer nachhaltigen Steigerung des Marktwerts des Unternehmens und damit seines eigenen Kapitalanteils interessiert. Eigenkapitalgeber verdienen am Erfolg des Unternehmens, indem dieses Teile der erzielten Gewinne an die Eigenkapitalgeber ausschüttet. Daraus folgt, dass Eigenkapitalgeber keine Auszahlung erhalten, wenn das Unternehmen keinen Gewinn macht.

Eigenkapital hat in diesem Sinne auch eine strategische Auswirkung: Der so genannte Shareholder-Value-Ansatz ist eine Unternehmensstrategie, die vorrangig den Marktwert des Eigenkapitals erhöhen und dem Anspruch der Anteilseigner auf eine möglichst hohe Rendite gerecht werden soll. Shareholder-Value-orientierte Unternehmen richten sich auf Eigentümer oder, bei Aktiengesellschaften, Aktionäre aus und fokussieren sich auf die Entlohnung der Eigenkapitalgeber. Der Ansatz wird häufig kritisiert, weil er Anreize für kurzfristige Gewinnerzielung bietet, was langfristig zulasten der Unternehmensentwicklung gehen kann.

Eigenkapital wird steuerlich anders behandelt als Fremdkapital. Eigenkapitalzinsen können im Unternehmen steuerlich nicht geltend gemacht werden. Das bedeutet:

- Zinsen für das eingesetzte Eigenkapital dürfen in der Finanzbuchführung nicht angesetzt werden. Daher findet durch die Bindung von Eigenkapital im Unternehmen ein Werteverzehr statt, da das Kapital auch anderweitig hätte investiert werden können. Es handelt sich dabei also um entgangene Zinserträge und sohin um Opportunitätskosten.

- Hingegen können Zinsen aus Fremdkapital, etwa aus Bankdarlehen, in der Finanzbuchführung als Aufwand erfasst werden. Dies ist unabhängig vom Verwendungszweck des Darlehens möglich.

Vom Unternehmen erwirtschaftete Gewinne müssen vollumfänglich versteuert werden. Unternehmen sind aus diesem Grund daran interessiert, ihre Gewinne möglichst niedrig zu halten, um die Steuerlast zu minimieren.

In welchem Umfang Unternehmen Eigenkapital erhalten, hängt von den finanziellen Möglichkeiten und der Bereitschaft bisheriger und neuer Kapitalgeber ab. Eine wesentliche Aufgabe des Unternehmens ist es daher, Kapitalgeber zu überzeugen, dass langfristig Gewinne erwirtschaftet werden können.

Umgekehrt hängt der Umfang, in dem Eigenkapitalgeber Ausschüttungen auf ihr eingesetztes Kapital erhalten, von unternehmensinternen Beschlüssen ab. Ausgangspunkt ist hier in der Regel der Gesellschaftsvertrag, in dem alle Modalitäten festgehalten sind. Die Gewinnausschüttung an einen Eigenkapitalgeber ist sodann von einem Beschluss entsprechender Unternehmensorgane abhängig, bei Aktiengesellschaften etwa vom Beschluss der Hauptversammlung.

6.2.2. Fremdkapital

Fremdkapital nimmt einen ebenso hohen Stellenwert bei der Finanzierung eines Unternehmens ein wie Eigenkapital. Fremdkapital ist ein Instrument der Außenfinanzierung. Es wird dem Unternehmen von Dritten zur Verfügung gestellt. Banken sind die wichtigsten Fremdkapitalgeber.

Während Eigenkapital grundsätzlich unbefristet zur Verfügung steht, liegt bei Fremdkapital eine Befristung vor, innerhalb derer das Unternehmen das Kapital zurückzahlen muss. Die entsprechenden Zins- und Tilgungsleistungen sind vertraglich festgehalten. Fremdkapital begründet daher ein Schuldverhältnis, bei dem das Unternehmen sich verpflichtet, dem Gläubiger (der Bank) gegenüber die vertraglichen Zins- und Tilgungsleistungen zu erbringen. Die entsprechenden Verbindlichkeiten gegenüber den Fremdkapitalgebern können kurz-, mittel- oder langfristig sein. Die Unterteilung orientiert sich an folgenden Zeiträumen:

- Kurzfristig: Begleichung innerhalb eines Jahres, beispielsweise Verbindlichkeiten aus Lieferungen oder kurzfristige Bankschulden (Kontokorrent)

- Mittelfristig: Begleichung zwischen einem und fünf Jahren

- Langfristig: Verbindlichkeiten mit einer Laufzeit von über fünf Jahren (meist zur Finanzierung von Anlagevermögen, beispielsweise Anleihen, Hypotheken, langfristige Bankkredite)

Im Gegensatz zum Eigenkapital haftet ein Fremdkapitalgeber im Insolvenzfall nicht. Das Gegenteil ist der Fall, denn

Fremdkapitalgeber werden bei einer Insolvenz vorrangig behandelt und müssen als Erste ausbezahlt werden, sofern ausreichend Insolvenzmasse zur Verfügung steht. Um das Risiko zu minimieren, bei einer Insolvenz nicht ausbezahlt zu werden, verlangen Fremdkapitalgeber oft Sicherheiten. Solche Sicherheiten, beispielsweise Liegenschaften, können bei ausbleibenden Zins- oder Tilgungszahlungen verwertet werden.

Anders als Eigenkapitalgeber haben Fremdkapitalgeber kein grundsätzliches Recht auf Mitbestimmung. Allerdings lassen sich in der Praxis viele Fremdkapitalgeber bestimmte Mitspracherechte vertraglich zusichern.

6.2.3. Formen der Finanzierung

Finanzierungsformen lassen sich danach differenzieren, ob die Finanzmittel aus dem Unternehmen selbst oder von außerhalb des Unternehmens zur Verfügung gestellt werden. Des Weiteren wird danach differenziert, ob es sich um Finanzmittel von Eigenkapitalgebern oder Fremdkapitalgebern handelt. Das Zusammenspiel dieser Finanzierungsformen ist in der nachfolgenden Tabelle dargestellt.

	Innenfinanzierung	Außenfinanzierung
Eigenfinanzierung	Rücklagen Jahresüberschuss	Kapitalerhöhung
Fremdfinanzierung	Rückstellungen	Kredite

Welche Form der Finanzierung gewählt wird, hängt von verschiedenen Faktoren ab, insbesondere:

- Höhe des Ratings
- Kosten der Finanzierung
- Laufzeit der Finanzierung

- Mitbestimmungsrechte
- Steuerliche Behandlung

In diesem Sinne sind bei den unterschiedlichen Finanzierungsformen folgende Aspekte zu beachten:

Bei der **Außenfinanzierung** werden dem Unternehmen Finanz-mittel von außen zugeführt. Dies ist immer dann notwendig, wenn ein konkreter Kapitalbedarf entsteht und die eigenen Finanzmittel des Unternehmens nicht mehr ausreichen. Die Zuführung von Finanzmitteln von außen führt zur Veränderung der Eigen- bzw. Fremdkapitalposition in der Unternehmensbilanz. Dies hat Auswirkungen auf verschiedene Unternehmensbereiche:

- Wird eine Eigenkapitalfinanzierung von außen vor-genommen, kommt es zu einer (zusätzlichen, neuen) Zuführung von Finanzmitteln durch die Eigentümer des Unternehmens. Es kann sich dabei um bereits am Unternehmen beteiligte Eigentümer handeln, aber auch um neue Eigentümer. Diese Eigentümer wer-den je nach Gesellschaftsform des Unternehmens als Gesellschafter, Anteilseigner oder Aktionäre bezeichnet. Die typische Form der Eigenkapitalfinanzierung ist die Kapitalerhöhung. Hierbei wird das Grundkapital einer Aktiengesellschaft bzw. das Stammkapital einer GmbH dadurch erhöht, dass zusätzliche Eigentumsanteile am Unternehmen ausgegeben werden. Die Folge ist, dass die Stimmrechtsanteile der bisherigen Eigentümer reduziert und auf die neuen Eigentümer aufgeteilt werden.

- Bei der Fremdkapitalfinanzierung von außen kommt es zu einer Kapitalzuführung durch Kredite. Es handelt sich häufig um Bankkredite, wobei hier unterschied-liche Varianten zur Verfügung stehen, beispielsweise Kontokorrentkredite, Hypothekenkredite, Ratenkredite. Kredite können jedoch nicht nur von Banken kommen, sondern auch von Kunden oder Lieferanten. Bei einem Kundenkredit zahlt ein Kunde im Voraus, also bevor er das Produkt oder die Dienstleistung erhält. Derartige Finanzmittel stehen dem Unternehmen unentgeltlich zur Verfügung, sie sind daher aus Unternehmenssicht überaus attraktiv. Beim Lieferantenkredit handelt es sich hingegen um eine noch nicht bezahlte Rechnung eines Lieferanten, der seine Leistung bereits erbracht hat. Nicht bezahlte Rechnungen sind in der Bilanz als Verbindlichkeiten vermerkt und stellen ebenfalls ein erhebliches Potenzial an Fremdkapital dar.

Bei der **Innenfinanzierung** werden die Finanzmittel hingegen im Unternehmen erwirtschaftet und stehen für Investitionen zur Verfügung. Diese Finanzmittel sind bereits im Unternehmen vorhanden, etwa in Form von Rücklagen oder Rückstellungen.

- Bei der Eigenkapitalfinanzierung von innen werden nicht ausgeschüttete Gewinne den Rücklagen des Unternehmens zugeführt. Sie stehen in diesem Fall für zukünftige Investitionen im Unternehmen zur Verfügung. Diese Rücklagen sind weiterhin dem Eigenkapital zuzurechnen, da das Unternehmen sie selbst erwirtschaftet hat. Da die Rücklagen dem Eigenkapital zugerechnet werden, erhöht sich durch sie die Gewinnerwirtschaftung des Unternehmens. Wenn gleichzeitig das Fremdkapital konstant bleibt, erhöht sich mit dem Eigenkapital auch die Eigenkapitalquote. Eine höhere Eigenkapitalquote beeinflusst Ratings positiv.

- Bei der Fremdkapitalfinanzierung von innen werden Rückstellungen als Finanzmittel genutzt. Rückstellungen werden für einen bestimmten Zweck einer künftigen Zahlung gebildet. Kurz- und mittelfristige Rückstellungen können Steuer-, Prozesskosten- oder Garantierückstellungen sein. Langfristige Rückstellungen sind Pensionsrückstellungen.

Rückstellungen werden erst aufgelöst, wenn der Zahlungs-
zweck erfüllt werden muss, wenn also die Steuer ans
Finanzamt oder die Pension an die jeweiligen Mitarbeiter
bezahlt werden muss. Bis zu diesem Zeitpunkt stehen Rückstellungen dem Unternehmen jedoch zu
Finanzierungszwecken zur Verfügung. Sie können je nach
Fristigkeit für unterschiedlich lange Finanzierungsräume
verwendet werden. Weil Rückstellungen einen bestimmten
(fremden) Zweck haben, werden sie dem Fremdkapital zugerechnet.

All diese Finanzierungsmöglichkeiten müssen analysiert und
miteinander verglichen werden. Dies geschieht im Zuge der
Finanzplanung eines Unternehmens. Die Finanzplanung fokussiert sich in erster Linie auf die Liquidität des Unternehmens. Sie
wird anhand eines Finanzplans durchgeführt. Im gesamtunterneh-
merischen Leistungs- und Planungsprozess erfolgt die Erstellung
anhand folgender Schritte:

1. Erstellung von Absatz-, Umsatz-, Kosten-, Beschaffungs-,
   Produktions- und Personalplan

2. Erstellung des Gewinnentstehungsplans

3. Erstellung des Gewinnverwendungsplans

4. Erstellung des Investitionsplans

5. Erstellung des Finanzplans inklusive Kreditplan und
   Beteiligungsfinanzierungsplan

Konkret wird wie folgt vorgegangen: Aus dem Absatz- und
Umsatzplan kann der Zufluss der Einnahmen festgestellt werden. Im Kostenplan sind wiederum die Ausgaben ersichtlich.
Aus der Differenz kann abgelesen werden, wie viel Gewinn
für das Unternehmen entsteht. Im Gewinn ist der Großteil des
Liquiditätszuwachses enthalten. Ein Teil des entstandenen Gewinns
wird den Eigentümern ausgeschüttet. Mit dieser Ausschüttung

fließt Liquidität aus dem Unternehmen ab. Der restliche Gewinn, der nicht ausgeschüttet wird, bleibt dem Unternehmen als liquide Mittel erhalten. Hier setzt der Finanzplan an, der klären muss, welche Finanzmittel für Investitionen und welche etwa für die Rückzahlung von Krediten verwendet werden.

Der Finanzplan erfasst sohin die prognostizierten Einnahmen und Ausgaben eines Unternehmens. Über diesen Vergleich lässt sich der Finanzmittelbedarf steuern. Zusätzlich wird noch eine Finanzanalyse angestellt. Diese vermittelt anhand von Kennzahlen einen Eindruck über die finanzwirtschaftliche Situation eines Unternehmens. Sowohl interne als auch externe Betrachter können sich daran orientieren.

6.3. Investitionen planen und berechnen

Investitionen bilden den Gegenpol zur Finanzierung. Sie bezeichnen das Ausstatten eines Unternehmens mit Sach-, Finanz- und immateriellem Vermögen. Bei Sachinvestitionen kann es sich, je nach Zeitpunkt der Investition, um Gründungsinvestitionen, Erweiterungsinvestitionen, Rationalisierungsinvestitionen oder Ersatzinvestitionen handeln. Derartige Vermögenspositionen finden sich auf der Aktivseite der Bilanz als Anlage- und Umlaufvermögen.

Steht ausreichend Finanzierungskapital zur Verfügung, muss überprüft werden, ob eine Investition sinnvoll ist oder nicht. Bei einer solchen Investitionsbeurteilung müssen folgende Fragen beantwortet werden:

- Lohnt sich das Projekt?
- Gibt es mehrere Alternativen?
- Wann ist der richtige Zeitpunkt?

Im Zuge der Entscheidungsfindung sind folgende Phasen zu unterscheiden:

- Planung
- Realisation
- Kontrolle
- Steuerung

In der **Planungsphase** muss die Notwendigkeit einer Investition festgestellt werden. Hierfür werden operative Ziele festgelegt, die eine konkrete Investition erfüllen soll. Als Grundlage dienen folgende Informationen:

- Prognose über die Entwicklung der Zahlungsströme
- Zeitliche Verteilung der Zahlungen
- Höhe der Zahlungen
- Verzinsungsansprüche

Wird entschieden, dass eine konkrete Investition durchgeführt werden soll, folgt die **Realisationsphase**. In dieser Phase wird die Investition umgesetzt und werden die erwarteten Nettoeinzahlungen durchgeführt. Parallel hierzu erfolgt die **Kontrollphase**, in der geprüft wird, ob die prognostizierten Nettoeinzahlungen und erwarteten Auszahlungen korrekt sind und wie erwartet eintreten. Bei Abweichungen müssen Steuerungsmaßnahmen vorgenommen werden. Ziel ist es, den erwarteten Investitionserfolg zu realisieren. Ist abzusehen, dass der geplante Investitionserfolg nicht realisiert werden kann, müssen die Investitionsziele angepasst werden. Ist eine Anpassung nicht möglich, bleibt als letzte Konsequenz die Desinvestition.

Unternehmen müssen im Investitionsprozess beachten, dass jede Investition stets unter Unsicherheit getroffen wird. Zwar lassen sich Eintrittswahrscheinlichkeiten bestimmen, doch erst die Umsetzung zeigt, ob diese Wahrscheinlichkeiten der Realität entsprechen oder nicht.

Um derartige Wahrscheinlichkeiten im Voraus zu berechnen, stehen verschiedene Instrumente und Verfahren zur Verfügung, konkret:

- Nutzwertanalyse
- Statische Investitionsrechnung
- Dynamische Investitionsrechnung

Eine Beschreibung der **Nutzwertanalyse** findet sich im Kapitel „Produktionskosten berechnen". Das gleiche Verfahren kann auch für Investitionen herangezogen werden. Voraussetzung hierfür ist die Kenntnis über verschiedene Investitionsalternativen. Ausschlaggebend ist auch hier die Auswahl geeigneter Kriterien sowie die Gewichtung der einzelnen Kriterien.

Zu den **statischen Investitionsrechenverfahren** zählen Verfahren, die jeweils eine Durchschnittsperiode oder repräsentative Periode betrachten. Es handelt sich um vergleichsweise einfache Verfahren, die dann angewendet werden können, wenn in den verschiedenen Perioden keine zu starken Schwankungen auftreten und eine Periode demnach repräsentativ für mehrere Perioden sein kann. Zu den Verfahren zählen die folgenden:

- Kostenvergleichsrechnung: Dieses Verfahren vergleicht die Gesamtkosten (fixe und variable Kosten) der verschiedenen Investitionsalternativen. Im Ergebnis ist jene Investition am vorteilhaftesten, die die wenigsten Kosten verursacht.

- Gewinnvergleichsrechnung: Dieses Verfahren bewertet Kosten und Leistungen (Absatzpreise), um aus dem Saldo dieser beiden Größen, also dem betrieblichen Gewinn, eine Entscheidung abzuleiten. Dieses Verfahren kann nur angewendet werden, wenn die Leistungen der Investitionsalternativen sich voneinander unterscheiden.

- Rentabilitätsvergleichsrechnung: Dieses Verfahren orientiert sich nicht an absoluten, sondern an relativen Größen. Hierbei wird der Gewinn einer Investition dem investierten Kapital gegenübergestellt. Die Gewinnvergleichsrechnung wird also um die Größe des investierten Kapitals erweitert.

- Amortisationsrechnung: Bei diesem Verfahren liegt der Fokus auf der Schnelligkeit des Rückflusses des investierten Kapitals. Hierbei ermittelt das Unternehmen aus dem investierten Betrag als Auszahlung und den periodischen Rückflüssen als Einzahlungen die Zeit, innerhalb derer das gesamte Geld zurückfließen wird. Je schneller das Geld dem Unternehmen wieder für neue Investitionen zur Verfügung stehen wird, desto positiver wird die Investition bewertet.

Investitionen können nicht nur Anlagen wie Maschinen betreffen, sondern auch ganze Unternehmen. Der Kauf eines Unternehmens oder die Beteiligung an einem Unternehmen stellen demnach ebenfalls eine Investition dar. Auch diese muss bewertet werden, um entscheiden zu können, ob die Investition sich lohnt oder nicht. In diesem Fall kommt es zu einer umfassenden **Unternehmensbewertung**, die als Grundlage für die Investitionsentscheidung dient. Diese Bewertung soll folgende Funktionen erfüllen:

- Argumentationsfunktion
- Beratungsfunktion
- Vermittlungsfunktion
- Steuerbemessungsfunktion

In der Praxis werden zwei Verfahren der Unternehmensbewertung unterschieden:

- Traditionelle Verfahren: Hier werden die Ertrags- und Substanzwerte eines Unternehmens analysiert und bewertet. Die Informationen ergeben sich aus dem Jahresabschluss des Unternehmens.

- Moderne Verfahren: Bei diesem Verfahren liegt der Fokus auf zukunftsorientierten Werten. Der Cashflow und dessen Entwicklung steht hier im Vordergrund.

Alle genannten Verfahren und Instrumente sind Teil der Investitionsplanung. Diese beschäftigt sich mit den notwendigen Sachinvestitionen und daher mit der langfristigen Mittelbindung. Investitionen müssen unabhängig davon, welches Verfahren angewendet wird, so vorteilhaft sein, dass man bei alternativen Anlageoptionen die freien finanziellen Mittel in diese Investition lenkt. Das kann am besten anhand eines Beispiels erläutert werden:

- Wenn ein Unternehmen freie Mittel zur Verfügung hat, muss das Management darüber entscheiden, was mit diesen Mitteln geschehen soll.

- Diese können entweder gespart (Rücklagen, etc.) oder investiert (verschiedene Anlageformen, Kapitalanlagen, Sachanlagen, etc.) werden.

- Sollen die freien Mittel investiert werden, muss das Management entscheiden, welche Investition am vorteilhaftesten ist. Investitionen sind grundsätzlich dann vorteilhaft, wenn sie für das Unternehmen zu künftigen Vorteilen (Renditen) führen.

- Muss das Unternehmen zwischen verschiedenen Investitionsmöglichkeiten entscheiden, etwa zwischen Investition A, B und C, so müssen diese drei mit Hilfe geeigneter Verfahren bewertet werden.

- A ist dann am vorteilhaftesten, wenn die erwartete Rendite hier höher als bei B und C (alternative Investitions- bzw. Anlageoptionen) ist.

In diesem Zusammenhang hat der Businessplan eines Unternehmens eine wichtige Planungs-, Dokumentations- und Kontrollfunktion. Im Businessplan müssen die geplanten Investitionen, die zu erwartende Rendite, die Dauer der Amortisationszeit sowie die steuerlichen Auswirkungen detailliert beschrieben werden. Auch technologische und finanzielle Risiken, die mit der Investition verbunden sind, müssen betrachtet werden. Wie hier konkret vorgegangen wird, lesen Sie im Kapitel „Businessplan".

7. Kostenrechnung

Die Kostenrechnung stellt ein elementares Teilgebiet des internen Rechnungswesens dar. Die Kostenrechnung befasst sich als „Rechnungswesen des Managements" mit den zentralen Zielen und Fragen des unternehmerischen Handelns. Aufgabengebiete sind die Kostenkenntnis, die Kostentransparenz und das Kostenbewusstsein. Damit wird die Grundlage für die transparente Querverrechnung von Leistungen zwischen den einzelnen Unternehmensbereichen gelegt. Auch die Grundlage zur Kalkulation der Preise wird in der Kostenrechnung gelegt.

7.1. Grundlagen und Begriffe

Die Kostenrechnung übernimmt im Unternehmen folgende Aufgaben:

- Dokumentation: zahlenmäßige Erfassung der Güterströme

- Information: Rechnungslegung

- Kontrolle: Überwachung der Wirtschaftlichkeit

- Disposition: Bereitstellung von Informationen für unternehmerische Entscheidungen

In der Kostenrechnung werden folgende Kostenarten betrachtet bzw. gegenübergestellt:

- Auszahlungen vs. Einzahlungen (Veränderung des Zahlungsmittelbestands)

- Ausgaben vs. Einnahmen (Veränderung des Geldvermögens)

- Aufwand vs. Ertrag (Veränderung des Gesamtvermögens)

- Kosten/Leistungen vs. Erlöse (Veränderung des betriebsnotwendigen Vermögens)

Die relevanten Rechengrößen in der Kostenrechnung sind die Unternehmenskosten und die Unternehmenserlöse:

- Kosten werden definiert als der bewertete, zur Erfüllung des Betriebszwecks anfallende Güterverzehr.

- Erlöse werden definiert als die bewerteten, dem Betriebszweck entstammenden Güterentstehungen.

Es gibt verschiedene Kostenarten. Einerseits ist zwischen Einzelkosten und Gemeinkosten zu unterscheiden. Einzelkosten können direkt den Kostenträgern zugerechnet werden und sind typischerweise folgende Kostenarten:

- Fertigungsmaterialkosten (z. B. Rohstoffe)

- Fertigungslohnkosten (z. B. Fertigungslöhne)

- Sondereinzelkosten der Produktion (z. B. Konstruktionskosten)

- Sondereinzelkosten des Vertriebs (z. B. Verpackungskosten)

Gemeinkosten können den einzelnen Kostenträgern hingegen nicht direkt zugeordnet werden. Sie fallen für verschiedene Kostenträger gemeinsam an. Sie werden daher verursachungsgerecht in Kostenstellen erfasst. Danach erfolgt eine innerbetriebliche Verrechnung der Gemeinkosten. Über die Inanspruchnahme der Leistungen einer Kostenstelle werden die Gemeinkosten der Kostenstellen auf die Kostenträger verteilt.

In der Kostenrechnung wird demnach der einzelne Betriebsbereich erfasst, in dem der Prozess der betrieblichen Leistungserstellung erfolgt. Hierfür hat sich in der Praxis ein dreistufiger Aufbau der Kostenrechnung etabliert:

1. Kostenartenrechnung: Erfassung und Gliederung aller in der Abrechnungsperiode anfallenden Kosten (Fokus: Welche Kosten sind in welcher Höhe angefallen?)

2. Kostenstellenrechnung: Untersuchung, welchen Bereichen die Kosten zuzurechnen sind (Fokus: Wo sind die Kosten angefallen?)

3. Kostenträgerrechnung: Bestimmung der Kosten pro Leistungseinheit und Gegenüberstellung von Kosten und Erlösen pro Periode (Fokus: Wofür sind die Kosten angefallen?)

In der Kostenrechnung lassen sich noch weitere Kostenarten unterscheiden:

- Grundkosten (Zweckaufwand): Kosten, denen Aufwendungen in gleicher Höhe gegenüberstehen

- Zusatzkosten: Kosten, denen keine Aufwendungen gegenüberstehen und die nur für kalkulatorische Zwecke angesetzt werden

- Anderskosten: Kosten, denen ein Aufwand gegenübersteht, allerdings in anderer Höhe und die ebenfalls nur für kalkulatorische Zwecke angesetzt werden

- Primäre und sekundäre Kosten: Unterscheidung nach ihrer Herkunft, je nachdem, ob sie direkt aus der Finanzbuchhaltung auf die Kostenstellen übernommen werden oder ob sie über die innerbetriebliche Leistungsverrechnung verteilt werden

Durch Leistungen entstehen Kosten. Diese werden in der Kostenrechnung als Kostenträger bezeichnet. In der Kostenrechnung wird zwischen drei Leistungskategorien unterschieden:

- Absatzleistungen: werden auf dem Markt abgesetzt

- Lagerleistungen: wurden noch nicht auf dem Markt abgesetzt und erhöhen den Bestand

- Eigenleistungen: sind für die Verwendung im eigenen Betrieb bestimmt

Die nachfolgende Tabelle bietet einen Überblick über alle Kosten- und Leistungsarten.

Unterscheidung nach	Kostenart
Produktionsfaktoren	Materialkosten, Personalkosten, Dienstleistungskosten, Kosten für öffentliche Abgaben, kalkulatorische Kosten
Betriebliche Funktion	Beschaffungskosten, Fertigungskosten, Vertriebskosten, Verwaltungskosten
Art der Kostenerfassung	Aufwandsgleiche Kosten, kalkulatorische Kosten
Herkunft der Kostengüter	Primäre Kosten, sekundäre Kosten
Zurechenbarkeit	Einzelkosten, Gemeinkosten
Schwankungsgrad	Fixkosten, sprunghafte Kosten, variable Kosten, Mischkosten
Leistung	Absatzleistung, Lagerleistung, Eigenleistung

7.2. Vollkostenrechnung

Die Vollkostenrechnung ist das traditionelle System der Kostenrechnung. Sie verteilt alle anfallenden Kosten auf die einzelnen Kostenträger. Damit verstößt die Vollkostenrechnung aus folgenden Gründen gegen das Verursachungsprinzip:

- Die Verteilung der Gemeinkosten geschieht immer will-kürlich, denn sie basiert auf Schätzungen.

- Auch die Aufteilung der Fixkosten auf die einzelnen Kostenträger ist willkürlich. Fixkosten sind die Basis für die Berechnung der Stückkosten und Stückgewinne.

- Im Ergebnis können daher nur fiktive Stückkosten und Stückgewinne entstehen.

Diese Tatsache führt zu Einschränkungen im Hinblick auf die Aussagefähigkeit der Vollkostenrechnung. Dennoch ist sie in der Praxis weit verbreitet, weil langfristig alle Kosten über den Verkaufserlös gedeckt sein müssen und deshalb eine Betrachtung all dieser Kosten Sinn macht. Ist die Zielsetzung eine andere, muss auf die Teilkostenrechnung zurückgegriffen werden, auf die im anschließenden Kapitel näher eingegangen wird.

Bei der Vollkostenrechnung wird der bereits beschriebene drei-stufige Aufbau angewandt. Den Startpunkt bildet daher die **Kostenartenrechnung**. Hierbei werden Kostenarten aus der Finanzbuchhaltung übernommen. Sie bilden den gesamten Werteverzehr einer Abrechnungsperiode ab, unterteilt nach Produktionsfaktoren. Die Aufgabe der Kostenartenrechnung ist die geordnete Erfassung aller im Betrieb anfallenden Kosten, um (1) in Gegenüberstellung mit Leistungsarten ein kurzfristi-ges Periodenergebnis ermitteln zu können, (2) die Struktur der Kostenarten im Unternehmens- und Zeitvergleich darzustel-len und (3) die Weiterverrechnung in der Kostenstellen- und Kostenträgerrechnung zu gewährleisten. Um diese Funktionen erfüllen zu können, müssen in der Kostenartenrechnung folgende Grundsätze berücksichtigt werden:

- Eindeutigkeit: eindeutige, zweifelsfreie Zuordnung der Kosten zu ihren Kostenarten

- Einheitlichkeit: Zuordnung der Kosten in jeder Abrech-nungsperiode zur selben Kostenart

- Vollständigkeit: Berücksichtigung aller Kosten

- Wirtschaftlichkeit: Einteilung der Kostenarten unter wirtschaftlichen Gesichtspunkten

Innerhalb der verschiedenen Kostenarten muss angegeben werden, ob die einzelnen Kostenartenbeträge als Einzelkosten direkt oder als Gemeinkosten indirekt auf die Kostenträger zu verrechnen sind. Die Einzelkosten lassen sich direkt in die letzte Stufe der Kostenrechnung, die Kostenträgerrechnung, übernehmen. Gemeinkosten werden hingegen in der nächsten Stufe, der Kostenstellenrechnung, einbezogen.

Aufgabe der **Kostenstellenrechnung** ist die Zuordnung der nach Kostenarten aufgegliederten Gemeinkosten auf die Kostenstellen als Orte der Entstehung. Dies geschieht in der Praxis oftmals in Anlehnung an die Aufbauorganisation des Unternehmens. Die Kostenstellenrechnung fungiert also als Bindeglied zwischen Kostenarten- und Kostenträgerrechnung. Die Kostenstellenrechnung erfüllt neben der Verrechnungsaufgabe auch eine Kontrollaufgabe, denn bei der Zuordnung der Gemeinkosten wird eine Überprüfung der Wirtschaftlichkeit der einzelnen betrieblichen Teilbereiche veranlasst.

Kostenstellen werden nach drei verschiedenen Kriterien gebildet:

- Funktionsorientiert: gleichartige Tätigkeiten werden zusammengefasst

- Rechnungsorientiert: gleiche Kostenstrukturen werden zusammengefasst

- Raumorientiert: räumlich abgegrenzte Betriebsteile werden zusammengefasst

Jede Kostenstelle muss einen selbstständigen Verantwortungsbereich darstellen. Als Hauptkriterium zur Einteilung von

Kostenstellen wird daher die Abgrenzung nach den betrieblichen Funktionsbereichen herangezogen, demnach: Material, Fertigung, Verwaltung, Vertrieb. Neben dieser funktionalen Einteilung ist auch eine Differenzierung der Kostenstellen nach abrechnungsorientierten Faktoren notwendig. Im Wesentlichen wird hier zwischen Hauptkostenstellen, Nebenkostenstellen und Hilfskostenstellen unterschieden:

- Hauptkostenstellen sind überwiegend und unmittelbar mit den zum Verkauf bestimmten Leistungen verbunden

- Nebenkostenstellen erbringen Leistungen an Produkten, die nicht zum eigentlichen Produktionsprogramm zählen

- Hilfskostenstellen erbringen innerbetriebliche Leistungen für alle Betriebsbereiche

Nach der Art der Weiterverrechnung wird außerdem zwischen Endkostenstellen und Vorkostenstellen unterschieden. Kosten der Endkostenstellen werden unmittelbar den Kostenträgern zugeschlagen, Vorkostenstellen werden durch Umlage entsprechend ihrer Inanspruchnahme weiterverrechnet.

Die Verteilung der Kosten wird in der Betriebsabrechnung vorgenommen. Das dafür eingesetzte Instrument ist der Betriebsabrechnungsbogen.

In der letzten Stufe, der **Kostenträgerrechnung**, werden sämtliche Kosten den gesamten Leistungen zugerechnet und den Verkaufserlösen gegenübergestellt. Die Hauptaufgabe hierbei ist es, die Stückkosten für alle erstellten Güter und Dienstleistungen (Kostenträger) zu ermitteln. Diese Berechnung liefert die Grundlage für eine exakte Preiskalkulation. Es ist daher möglich, für jedes Produkt eine exakte Stückkostenrechnung anzustellen. Ein Beispiel ist in der nachfolgenden Tabelle dargestellt.

Produkt A
Einzelkosten
+ anteilige Gemeinkosten
= Selbstkosten
Nettoerlöse
- Selbstkosten
= Nettoerfolg

Der Kostenträgerrechnung kommen somit folgende Aufgaben zu:

- Ermittlung der Herstell- und Selbstkosten der Kostenträger sowohl stück- als auch zeitbezogen

- Ermittlung des Erfolgs der Kostenträger sowohl stück- als auch zeitbezogen

- Bereitstellung von Informationen für Preispolitik, Programmpolitik, Beschaffungspolitik und Bestandsbewertung

Ein wichtiges Instrument der Kostenträgerrechnung ist die Kostenträgerzeitrechnung, die als **kurzfristige Erfolgsrechnung** dient. Sie dient der laufenden Überwachung der Wirtschaftlichkeit des Unternehmens. Hierbei wird in der Regel ein monatliches Betriebsergebnis erstellt und alle Kosten und Erlöse des Abrechnungszeitraums werden erfasst.

7.3. Teilkostenrechnung

Die Teilkostenrechnung wurde bereits im Kapitel „Produktionskosten berechnen" beschrieben. Sie ist jedoch nicht nur im Produktionsbereich eines Unternehmens ein bewährtes Instrument, sondern auch bei der Kostenrechnung des gesamten

Unternehmens. Wie im vorigen Kapitel dargestellt, ist ein wesentlicher Kritikpunkt der Vollkostenrechnung die Zurechnung von Fixkosten und Gemeinkosten. Die Teilkostenrechnung setzt bei dieser Problematik an.

Bei der Teilkostenrechnung wird nur ein Teil der Kosten den einzelnen Leistungen zugerechnet, nämlich die variablen bzw. direkt den Leistungen zurechenbaren Kosten. Die variablen Kosten bestehen aus den Einzelkosten und den variablen Gemeinkosten. Die Fixkosten bleiben hingegen zunächst als „Kostenblock" bestehen. Dieser wird in einem nächsten Schritt (willkürlich) aufgeteilt. Im Fokus der Teilkostenrechnung steht der Deckungsbeitrag. Ziel ist es

- Preisuntergrenzen zu ermitteln,

- Entscheidungen über Eigen- oder Fremdfertigung treffen zu können,

- Auswirkungen von Veränderungen im Produktprogramm aufzuzeigen sowie

- Auswirkungen von Veränderungen im Produktionsprozess aufzuzeigen.

Die kurzfristige Preisuntergrenze ist stets ein Stückdeckungsbeitrag von Null. Die Höhe des Stückdeckungsbeitrags entscheidet über das Produkt- und Prozessprogramm. Die Höhe der einzelnen Stückdeckungsbeiträge zeigt, ob Veränderungen im Produktions- oder Produktprogramm nötig bzw. sinnvoll sind.

Der Deckungsbeitrag kann über zwei Verfahren berechnet werden, die in der nachfolgenden Tabelle dargestellt sind.

Einstufige Deckungsbeitragsrechnung	Mehrstufige Deckungsbeitragsrechnung
Nettoerlöse	Nettoerlöse
- Materialeinzelkosten	- Materialeinzelkosten
- variable Materialgemeinkosten	- variable Materialgemeinkosten
- Fertigungseinzelkosten	- Fertigungseinzelkosten
- variable Fertigungsgemeinkosten	- variable Fertigungsgemeinkosten
= Stückdeckungsbeitrag	= Deckungsbeitrag 1 (= Stückdeckungsbeitrag)
Stückdeckungsbeitrag * Anzahl der verkauften Produkte = Produktdeckungsbeitrag	Summe der Deckungsbeiträge 1 (für ein Produkt) - Produktfixkosten = Deckungsbeitrag 2
→ Produktdeckungsbeitrag aller Produkte muss höher als die Unternehmensfixkosten sein	Summe der Deckungsbeiträge 2 (für eine Produktgruppe) - Produktgruppenfixkosten = Deckungsbeitrag 3
	Summe der Deckungsbeiträge 3 (für einen Bereich) - Bereichsfixkosten = Deckungsbeitrag 4
	Summe der Deckungsbeiträge 4 - Betriebsfixkosten = Deckungsbeitrag 5 (= Betriebsergebnis)

Bei der einstufigen Deckungsbeitragsrechnung wird der Betriebs-
erfolg über eine einzige Fixkostenstufe ermittelt. Die Fixkosten
werden also als ein Kostenblock verrechnet.

Bei der mehrstufigen Deckungsbeitragsrechnung wird der Fixkostenblock weiter aufgespalten. Die Aufteilung der Fixkosten kann nach einzelnen Produkten, Produktgruppen, Kostenstellen, Betriebsbereichen oder Betrieben erfolgen. Welche Aufteilung gewählt wird, ist von den Bedürfnissen des Unternehmens abhängig. Je mehr Deckungsbeiträge und Stufen gebildet werden, desto differenzierter ist eine Steuerung des Unternehmens über Deckungsbeiträge möglich. Je nach Anzahl der Stufen wird zwischen Deckungsbeitrag 1, 2, 3 etc. unterschieden. Deckungsbeitrag 1 entspricht immer dem Stückdeckungsbeitrag.

Das Ziel hierbei ist es, die Fixkosten besser zuordnen zu können, um die Auswirkung von Entscheidungen besser kontrollieren zu können. Welche Entscheidungen damit getroffen werden können, wird im anschließenden Kapitel näher erörtert.

7.4. Entscheidungsorientierte Kostenrechnung

Mit Hilfe der Teilkostenrechnung können fundierte betriebswirtschaftliche Entscheidungen getroffen werden. Die vorab dargestellten Berechnungsarten bilden die Grundlage für die nachfolgend beschriebenen Techniken.

7.4.1. Break-Even-Analyse

Der Break-Even-Point ist erreicht, wenn das Unternehmen die Gewinnschwelle erreicht. Hierfür stellt sich die Frage, wie viele Produkteinheiten ein Unternehmen mindestens verkaufen muss, um weder Gewinn noch Verlust zu generieren.

Informationsbasis für diese Analyse ist:

- Der Preis pro verkaufter Einheit
- Die variablen Kosten pro produzierter Einheit
- Die fixen Kosten pro Periode

Beispiel:

Fixkosten = 5.000.000
Preis pro Stück = 250
Variable Stückkosten = 200

Wie viele Stück muss das Unternehmen mindestens verkaufen, um den Break-Even-Point zu erreichen, also jenen Punkt, bei dem weder ein Gewinn noch ein Verlust entsteht?

In der nachfolgenden Gleichung wird die Suche nach dieser Stückanzahl durch die Variable „x" ausgedrückt:

- 250 x = 5.000.000 + 200 x
  (Das Produkt aus Preis mal Stück entspricht der Summe aus Fixkosten und den variablen Stückkosten mal der Stückanzahl x. Begründung: Wenn der Umsatz exakt den Produktionskosten entspricht, macht das Unternehmen weder Gewinn noch Verlust. Dieser Punkt ist der Break-Even-Point, nach dem in dieser Gleichung gesucht wird.)

- Durch die Auflösung der obigen Gleichung ergibt sich: x = 100.000
  (Es müssen also 100.000 Stück verkauft werden, um den Break-Even-Point zu erreichen.)

- 100.000 * 250 = 25.000.000
  (Das Unternehmen errechnet sich außerdem noch den Zielumsatz. Dieser ergibt sich aus den Stück, die verkauft werden müssen, mal dem Verkaufspreis pro Stück.)

Bei diesem Beispiel wird die Gewinnschwelle daher ab einem Gesamtumsatz von 25.000.000 EUR erreicht.

Diese Rechnung beeinflusst sowohl die Preis- und Produktpolitik eines Unternehmens als auch die Potenzialpolitik (Technik, Forschung etc.) und die Beschäftigungspolitik (Kapazitäten).

7.4.2. Preisgrenzen

Preisgrenzen sind kritische Werte, deren Über- oder Unterschreiten ein bestimmtes unternehmerisches Handeln nach sich zieht bzw. ziehen muss. Preisgrenzen sind daher entscheidungsregelnd, indem folgende Entscheidungsketten ausgelöst werden:

- Preisobergrenze → Einsatzgüter → Preisüberschreitung? → ja → keine Beschaffung
- Preisuntergrenze → Absatzgüter → Preisunterschreitung? → ja → kein Verkauf

Die Preisgrenze stellt jenen Grenzwert dar, der bei Nutzung eines bestimmten Produktionsfaktors zu einem Deckungsbeitrag von Null führt. Die Berechnungsformel pro Stück lautet:

- Preisobergrenze = Umsatzerlös pro Stück – sonstige kumulierte Kosten

Bei den sonstigen kumulierten Kosten handelt es sich um bis dato angelaufene Kosten, nicht hingegen um jene Kosten für den Produktionsfaktor, dessen Preisobergrenze ermittelt wird.

Beispiel:

Bauteile A und B = Eigenproduktion
Bauteil C = Fremdbezug
Kumulierte Kosten = 2,80 EUR pro Stück
Stückpreis = 5 EUR
Bedarf an Bauteil C durch Fremdbezug = 2
Zu fertigende Stücke = 10.000

→ Preisobergrenze = (5 EUR – 2,80 EUR) / 2 = 1,10 EUR

Unterhalb eines Preises von 1,10 EUR pro Bauteil C entsteht somit ein positiver Deckungsbeitrag. Liegen die Kosten über diesem Wert, ist der Deckungsbeitrag des Produkts negativ.

Bei der Preisuntergrenze würde eine entsprechende Rechnung wie folgt aussehen:

Beispiel:

Mögliche Gesamtkapazität = 20.000 Stück pro Monat
Derzeitige Auslastung = 12.000 Stück pro Monat
Variable Kosten = 3.300.000 EUR
Fixkosten = 2.400.000 EUR
Verkaufspreis pro Stück = 450 EUR

Möglicher Zusatzauftrag: Herstellung von 2.000 Stück zu einem Preis von 430 EUR

Stückkosten ohne Zusatzauftrag = 475 EUR (entspricht Verlust von 25 EUR)

→ Variable Kosten pro Stück = 3.300.000 EUR / 12.000 = 275 EUR
→ Deckungsbeitrag aktuelle Auslastung = (450 EUR – 275 EUR) * 12.000 = 2.100.000 EUR
→ Deckungsbeitrag Zusatzauftrag = (430 EUR – 275 EUR) * 2.000 = 310.000 EUR
→ Teilkostenrechnung:

    ○ Deckungsbeitrag aktuell =   2.100.000 EUR

        + Deckungsbeitrag Zusatz =   310.000 EUR

        = Summe   2.410.000 EUR

        - Fixkosten   2.400.000 EUR

        = Betriebsergebnis   10.000 EUR

Durch die Annahme des Zusatzauftrages entsteht ein positives Betriebsergebnis von 10.000 EUR. Sofern nun ein Absatzpreis erzielt wird, der über den variablen Stückkosten liegt, entsteht ein Deckungsbeitrag, der zur Verbesserung des Betriebsergebnisses führt. Daher liegt bei diesem Beispiel die kurzfristige Preisuntergrenze bei 275 EUR.

7.4.3. Eigenfertigung vs. Fremdbezug

Häufig muss in einem Produktionsunternehmen die Entscheidung Eigenfertigung vs. Fremdbezug getroffen werden. Die Basisüberlegung ist, dass eine Konzentration auf das Kerngeschäft zu einer Spezialisierung führt, die für das Unternehmen zu Kosten- oder Wettbewerbsvorteilen führen kann. Es geht sohin um die Entscheidung über die Eigenfertigung von Einzelteilen gegenüber dem Zukauf von Lieferanten bzw. um die Entscheidung zwischen der eigenständigen Durchführung von Leistungen oder der Vergabe von Dienstleistungsverträgen.

Im Hinblick auf die Ausführungen im vorigen Kapitel kann die alternative Eigenfertigung als Preisobergrenze interpretiert werden, die mit den Kosten eines Fremdbezugs verglichen werden muss.

Gemäß Vollkostenrechnung wäre die Entscheidung bzw. Berechnung einfach:

- Entscheidungsregel 1: Fremdbezugspreis > Stückkosten
  → Eigenfertigung
- Entscheidungsregel 2: Fremdbezugspreis < Stückkosten
  → Fremdbezug

Diese einfache Berechnung übersieht jedoch die im Unternehmen anfallenden Fixkosten. Diese entstehen in jedem Fall.

Aus diesem Grund sind die variablen Stückkosten die Entscheidungsgrundlage:

- Entscheidungsregel 1: Fremdbezugspreis > variable Stückkosten → Eigenfertigung

- Entscheidungsregel 2: Fremdbezugspreis < variable Stückkosten → Fremdbezug

Hierbei handelt es sich um kurzfristige Entscheidungsinstrumente. Oftmals sind derartige Entscheidungen aber langfristig orientiert, sodass sie in den Bereich der Unternehmensstrategie fallen. Hier müssen neben den monetären Größen auch qualitative Faktoren berücksichtigt werden:

- Zuverlässigkeit: Ein wesentlicher Aspekt des Fremdbezugs ist die Zuverlässigkeit des Lieferanten, die über die Kriterien Zeit, Kosten, Qualität operationalisiert werden kann.

- Know-how-Abfluss: Wer Kernelemente nicht mehr selbst fertigt, sondern von Lieferanten bezieht, gibt Know-how preis. Dies kann zu Imageproblemen oder dem Verlust der Technologieführerschaft führen.

- Konkurrenz: Ein Lieferant, der über wesentliche Teile einer unternehmerischen Wertschöpfungskette verfügt, kann selbst in die Weiterverarbeitung vordringen.

- Kapitalbindung: Eigenfertigung setzt Investitionen voraus. Diese sind bei Fremdfertigung nicht notwendig.

7.5. Prozesskostenrechnung

Die Prozesskostenrechnung ist notwendig, um die bei den Prozessen im Unternehmen entstehenden Gemeinkosten zu ermitteln. Der Anteil der Gemeinkosten steigt seit Jahren tendenziell an. Gleichzeitig sind die Fertigungseinzelkosten rückläufig. Die Aufschlüsselung von Gemeinkosten wird daher immer problematischer, zumal es sich dabei um ein intransparentes Vorgehen handelt.

Die Zunahme der Gemeinkosten lässt sich mit der zunehmenden Bedeutung der indirekten Leistungsbereiche in Unternehmen erklären, zu denen insbesondere die Bereiche Entwicklung, Einkauf, Logistik, Qualitätsmanagement, Marketing, Controlling und Personalmanagement zählen.

Hier setzt die Prozesskostenrechnung an. Dabei handelt es sich um eine auf den Gemeinkostenbereich ausgerichtete Vollkostenrechnung, die logisch verbundene Aktivitäten als kostentreibende Faktoren identifiziert.

Die Prozesskostenrechnung kann nicht für alle Teile der Gemeinkosten genutzt werden. Sie eignet sich nur für Materialgemeinkosten und allgemeine Fertigungsgemeinkosten. Hingegen ist sie für fertigungsnahe Gemeinkosten und Verwaltungskosten nicht geeignet. Für Vertriebsgemeinkosten kann sie allerdings problemlos angewendet werden. Ziel der Prozesskostenrechnung ist die verursachungsgerechte Kostenverrechnung für eine strategische Kalkulation. Das Ziel ist eine Reduzierung der Aufschlüsselung von Gemeinkosten, indem die Gemeinkosten über die in Anspruch genommenen Prozesse verrechnet werden.

Die Prozesskostenrechnung setzt eine Untersuchung der im Unternehmen durchgeführten Prozesse voraus. Hierbei muss zwischen Hauptprozessen und Teilprozessen unterschieden werden. Hauptprozesse sind Gruppen homogener Aktivitäten, die kostenstellenübergreifend verlaufen. Sie entsprechen Kostentreibern. Teilprozesse sind ebenfalls homogene Aktivitäten, die jedoch innerhalb einzelner Kostenstellen verlaufen. Beispiele für Hauptprozesse sind die Materialbeschaffung, die Abwicklung des Wareneingangs oder die Qualitätskontrolle. Diese Hauptprozesse setzen sich wiederum aus verschiedenen Teilprozessen zusammen.

Für die Prozesse werden die Kosten nunmehr kalkuliert. Bei der Kalkulation eines Hauptprozesses werden die Kosten der benötigten Teilprozesse, die sich aus verschiedenen Kostenstellen herleiten, addiert.

Die Berechnung erfolgt in Anlehnung zu den Schemata der Vollkostenrechnung, anstelle der Stückmenge steht hierbei jedoch die Prozessmenge.

Die Vorteile der Prozesskostenrechnung sind die erhöhte Transparenz in indirekten Leistungsbereichen, das Aufzeigen von Kosten, die nicht zu einer Erhöhung des Kundennutzens beitragen, die verursachungsgerechte Kalkulation der Gemeinkosten, die Möglichkeit einer mittelfristigen Kostensteuerung und die Notwendigkeit, kostenstellenübergreifend zu denken und zu handeln.

Demgegenüber weist die Prozesskostenrechnung aber auch Schwächen auf: Sie gilt als ungeeignet für die kurzfristige Planung. Außerdem ist zu berücksichtigen, dass der Prozesskostensatz maßgeblich von der geplanten Kapazitätsauslastung abhängt. Da es sich bei der Prozesskostenrechnung um eine Vollkostenrechnung handelt, kommt es auch hier zu einer Verschlüsselung von Gemeinkosten. Außerdem muss beachtet werden, dass ein hoher Aufwand bei der Implementierung der Prozesskostenrechnung entsteht.

7.6. Target Costing

Target Costing ist eine marktorientierte Methode des Zielkostenmanagements. Damit ist es für Unternehmen möglich, die zulässigen Zielkosten eines Produkts oder einer Dienstleistung anhand der Zahlungsbereitschaft der Kunden zu bestimmen.

Target Costing wird immer wichtiger, weil Massenprodukte, die auf Basis gängiger Technologien hergestellt werden, in teuren Industriestaaten wie Deutschland nur noch selten wettbewerbsfähig produziert werden können. Problematisch ist, dass gerade einfache Technologien leicht imitiert werden können. Deshalb sind Unternehmen immer öfter gezwungen, ihre Wettbewerbsvorsprünge neu zu erarbeiten.

Es reicht in diesem Sinne nicht mehr aus, die Neuproduktentwicklung als Aufgabe von Entwicklung, Konstruktion und Produktion anzusehen. Aufgrund der Globalisierung kommt es zu einem verstärkten Wettbewerb in vielen Märkten, sodass sich eine kostenorientierte Kalkulation oftmals nicht mehr durchsetzen lässt. Das Vorgehen ist umgekehrt: Produktkosten müssen sich an den am Markt durchsetzbaren Preisen orientieren.

Der Kerngedanke ist somit, die Kosten im Sinne eines „Design to Cost" bereits bei der Entwurfsplanung und Konstruktion gleichberechtigt mit den technischen Parametern einzubeziehen. Dabei wird wie folgt vorgegangen:

Unter Berücksichtigung des erwarteten Lebenszyklus eines Produkts werden unter Berücksichtigung eines Zielgewinns die vom Markt erlaubten Kosten ermittelt. Ergänzend müssen Teile der Gemeinkosten berücksichtigt werden. Nachdem die Zielkosten ermittelt wurden, ist es Aufgabe der Entwicklungsabteilung, ein Produktkonzept zu erstellen, das sowohl den Zielkosten als auch den Kundenanforderungen entspricht. Grundlage hierfür ist die Ermittlung der Kundenbedürfnisse.

Die Bestimmung der Zielkosten folgt daher folgendem Prozess:

- Zielverkaufspreis → Zielgewinn → Zielkosten → geschätzte Kosten

Die Zielkosten werden unter Berücksichtigung folgender Werte berechnet:

- Lebenszyklus des Produkts
- Entwicklungsausgaben

- Verkaufsperiode
- Renditeerwartung
- Kapitalkosten
- Durchsetzbarer Zielpreis
- Absatzzahlen
- Gemeinkosten

Für die Lebenszyklusrechnung ist eine Investitionsrechnung anzustellen, die es ermöglicht, das Kosten-Nutzen-Verhältnis zu
bewerten.

8. Einen Businessplan erstellen – Schritt für Schritt

Am Anfang eines Unternehmens steht eine Idee. Wenn Sie sich mit dem Thema auseinandersetzen, ein Unternehmen zu gründen, steht direkt nach der Entwicklung der Idee die Aufgabe an, einen Businessplan zu erstellen. Dieser Plan bildet nicht nur die Grundlage für die Kapitalbeschaffung, sondern dient auch als Orientierung für das Gründerteam. Vision, Ziele, Meilensteine – all das wird in einem Businessplan niedergeschrieben und dokumentiert. Wie dabei vorgegangen wird, lesen Sie in den nachfolgenden Kapiteln.

8.1. Was ist ein Businessplan?

Ein Businessplan ist nichts anders als ein Geschäftsplan, der ein Geschäftsvorhaben oder eine Geschäftsidee als Ganzes beschreibt und vermarktet. Die Vermarktung richtet sich sowohl an potenzielle Kapitalgeber als auch an sonstige Ansprechpartner, auf deren Unterstützung ein Unternehmen angewiesen ist. Als Planungsdokument enthält der Businessplan Informationen zu einer bestimmten Geschäftsidee unter kommerziellen Gesichtspunkten. Zu diesen Informationen zählen insbesondere

- die Ziele des Unternehmens,
- die Umsetzungsstrategien,
- der Entwicklungsstand einer Organisation,
- ein detaillierter Betriebsplan sowie
- ein detaillierter Budgetplan für ein bis mehrere Jahre.

Der Nutzen des Businessplans ist vielseitig und betrifft nicht nur die Außenwirkung auf mögliche Kapitalgeber, sondern auch die Innenwirkung auf das Unternehmen selbst:

- Planung: gedankliche Vorwegnahme der Umsetzung, etwa eines Geschäftskonzepts

- Entscheidungsunterstützung: Informationen zum Zweck einer Umsetzungsentscheidung

- Finanzierungsersuchen: Kapitalbeschaffung, Fördergelder, Vorstellung bei potenziellen Kapitalgebern

- Kommunikation: Bereitstellung von Informationen an potenzielle Unterstützer

- Kontrolle: Abweichungsanalysen, Erfolgskontrolle

Extern dient der Businessplan sohin als eine Art Visitenkarte des Unternehmens. Er soll beim jeweiligen Adressaten Interesse wecken und diesen vom Potenzial des Unternehmens überzeugen. Intern stellt der Businessplan ein Instrument der betrieblichen Unternehmensführung und -planung dar. Der Gründer wird bei Erstellung des Businessplans gezwungen, sich eingehend mit der eigenen Geschäftsidee zu befassen und diese in allen notwendigen Facetten auszuarbeiten.

Der Businessplan stellt in diesem Zusammenhang einen Fahrplan für den Gründer dar, der die ursprüngliche Idee strukturiert und wie folgt gliedert:

1. Verständnis der Idee entwickeln (Fokus: Produkt/Dienstleistung, Kunden, Stärken/Schwächen)

2. Klarheit über das Vorgehen gewinnen (Fokus: Ziele, Vorgaben, Rahmenbedingungen)

3. Umsetzung (Fokus: Strategien, Marketingplan, Budget)

Da der Businessplan viele unterschiedliche Funktionen erfüllt und zahlreiche Informationen enthält, ist es notwendig, bei der Erstellung Schritt für Schritt vorzugehen. Auch die Erstellung des Businessplans selbst muss geplant und strukturiert werden.

Der Aufbau des Businessplans orientiert sich im Wesentlichen an den Unternehmensabläufen selbst und kann mit einem Bewerbungsschreiben verglichen werden. Ziel ist es, beim Leser Interesse zu wecken. Zwar ist jeder Businessplan im Detail einzigartig, doch sollte der Aufbau einem roten Faden folgen. In der Praxis hat sich folgender Aufbau durchgesetzt:

- Management Summary
- Unternehmen
- Produkte und Dienstleistungen
- Markt und Wettbewerb
- Marketing und Vertrieb
- Management und Organisation
- Finanzierung
- Chancen und Risiken
- Finanzbedarf

Auf alle genannten Punkte wird nachfolgend im Detail eingegangen.

8.2. Management Summary

Der Management Summary enthält eine kompakte Zusammenfassung aller relevanten Informationen über das Unternehmen. Alle Informationen, die für die Leser relevant sind, werden hier prägnant auf einer Seite dargestellt. Der Fokus liegt auf folgenden Inhalten:

- Unternehmensziele
- Kritische Erfolgsfaktoren
- Käufernutzen

- Alleinstellungsmerkmale
- Lieferbeziehungen
- Marktzugänge

Das Ziel ist es, kurz und knapp alle Vorteile, Chancen und den Nutzen der Geschäftsidee auf den Punkt zu bringen. Um die relevanten Inhalte herausfiltern zu können, sollten Sie im Management Summary folgende Fragen *auf einer Seite* beantworten:

- Wer sind die Kunden?
- Was ist das fokussierte Ziel?
- Worin liegt das Alleinstellungsmerkmal?
- Welche Entwicklungsschritte sind vor der Markteinführung erforderlich?
- Wie ist die konkrete Marktsituation?
- Wie soll der Marktzugang erreicht werden?
- Wie sieht die Umsatz- und Gewinnplanung für die nächsten drei bis fünf Jahre aus?
- Wie hoch ist der Investitionsbedarf?
- Welche Stärken, Schwächen, Chancen, Risiken birgt die Geschäftsidee?

8.3. Unternehmen

Im nächsten Abschnitt folgen die Informationen über das Unternehmen selbst. Nachdem die Geschäftsidee im Management Summary dargestellt wurde, müssen in diesem Kapitel Struktur und Ausgestaltung des Unternehmens beschrieben werden. Dazu zählen insbesondere folgende Punkte:

- Unternehmensprofil (gewählte Rechtsform, Gründung, Produktprogramm, Art der Leistungserstellung)

- Besitzverhältnisse (Inhaber, Beteiligungen, Partner)

- Ziele (Ausgangslage, angestrebte Ziele, geplante Strategie)

In diesem Kapitel müssen auch die Unternehmensziele konkretisiert werden. Dies ist mit der so genannten SMART-Regel möglich:

- S = spezifisch
- M = messbar
- A = erreichbar („achievable")
- R = realistisch
- T = zeitlich bestimmt („time framed")

Alle Ziele müssen anhand dieser SMART-Regel definiert und beschrieben werden. Wichtig ist es, konkrete Meilensteine einzufügen, die Auskunft darüber geben, wie und wann die gesteckten Ziele erreicht werden sollen.

Für den Aufbau dieses Kapitels eignet sich folgende Struktur:

1. Vision
2. Unternehmensleitbild
3. Unternehmensziele
4. Geschäftsbereichsziele
5. Funktionsbereichsziele

8.4. Produkte und Dienstleistungen

Kern einer neuen Geschäftsidee ist in der Regel ein neues Produkt oder eine innovative Dienstleistung. Für die Leser des Businessplans muss daher schlüssig sein, welchen Nutzen das Geschäftskonzept verspricht. Das Alleinstellungsmerkmal steht hier im Vordergrund, insbesondere, wenn bereits vergleichbare Produkte auf dem Markt existieren. Das Alleinstellungsmerkmal kann anhand folgender Faktoren beschrieben werden:

- Qualität
- Preis
- Technologische Eigenschaften
- Design

Insbesondere neue Technologien und gänzlich neue Verfahren stellen einen erheblichen Wettbewerbsvorteil dar. Bedeutsam ist in diesem Zusammenhang auch der Zeitpunkt des Markteintritts. Auch Informationen zu Forschung und Entwicklung sowie zu Herstellung und Preis sollten in diesem Kapitel enthalten sein. Konkret empfiehlt sich folgende Struktur:

- Kundennutzen: Identifizierung der Kundenbedürfnisse, Problemanalyse und Problemlösung, konkreter Kundennutzen

- Wettbewerbsvergleich: Aufzeigen des Wettbewerbsvorsprungs, Zusatznutzen, Alleinstellungsmerkmal

- Herstellung: Entwicklung, Herstellung, Kapazitäten, Qualität

- Kosten: Preiskalkulation, Verkaufspreise, Deckungsbeiträge

8.5. Markt und Wettbewerb

Kerninhalt dieses Abschnitts ist die Zielmarktanalyse. Sie ist ein wesentliches Element des Businessplans und beschreibt, wer die Käufer sind und was der jeweilige Markt langfristig zu bieten hat. Hier muss der relevante Markt definiert und die Segmentierung beschrieben werden. Ausgangspunkt für beides ist eine Marktanalyse. Wichtig ist, dass die Inhalte sich sowohl auf die derzeitige Situation als auch auf die prognostizierte Marktsituation beziehen sollten. Hier sollte ein Planungszeitraum von drei bis fünf Jahren gewählt werden.

Es ist sinnvoll, die Inhalte mit Hilfe einer SWOT-Analyse darzustellen. Dabei werden folgende Faktoren des geplanten Unternehmens stichwortartig festgehalten:

- S = Strenghts (Stärken)
- W = Weaknesses (Schwächen)
- O = Opportunities (Chancen)
- T = Threats (Gefahren, Risiken)

Neben der SWOT-Analyse kann auch ein weiteres Analysetool helfen, die wesentlichen Inhalte auf den Punkt zu bringen: Das Fünf-Kräfte-Modell nach Porter („Porter's Five Forces"). Hier wird explizit die aktuelle Wettbewerbssituation des Unternehmens betrachtet. Diese kann durch folgende fünf Kräfte beeinflusst werden, die im Modell analysiert und beschrieben werden sollten:

- Neue Anbieter (Bedrohung durch neue Konkurrenz)

- Wettbewerber in der Branche (Bedrohung durch bestehende Konkurrenz)

- Substitutionsprodukte (Bedrohung durch Ersatzprodukte)

- Lieferanten (Bedrohung durch Verhandlungsstärke)

- Kunden (Bedrohung durch Verhandlungsmacht)

Konkret eignet sich folgende Struktur für diesen Abschnitt:

- Gesamtmarkt: Marktanalyse, Marktpotenzial, Marktentwicklung, Marktcharakteristika, Marktumfeld, Trends

- Segmentierung: Einteilung in homogene Teilgruppen, Definition der Zielmärkte, Definition der Kundengruppen

- Wettbewerbsanalyse: Identifikation und Beschreibung der Wettbewerber, Marktanteile, Strategie, SWOT-Analyse, Fünf-Kräfte-Modell

8.6. Marketing und Vertrieb

Produkte, Dienstleistungen, Markt und Wettbewerb bilden die Grundlage des Marketing-Abschnitts im Businessplan. Die Marketingaktivitäten müssen beschrieben und nach strategischen und operativen Maßnahmen strukturiert werden:

- Strategisch: Marketingziele, Planungszeitraum, erforderliche Maßnahmen

- Operativ: Marketing-Mix

Im Wesentlichen müssen hier sämtliche Inhalte aufgeführt werden, die im Kapitel „Marketing" näher beschrieben werden. Hierfür empfiehlt sich folgende Strukturierung:

- Marketingplan: Beschreibung des Marketing-Mix (Produktpolitik, Preispolitik, Distributionspolitik, Kommunikationspolitik); chronologische Auflistung aller geplanten Marketingmaßnahmen; geplante zeitliche Dauer; die zu unterschiedlichen Zeitpunkten anfallenden Kosten aller Maßnahmen

- Vertriebsplan: konkrete Beschreibung der Vertriebsstrategie, operative Vertriebsziele, Vertriebsplan mit aktueller Vertriebssituation; Umsetzungsfahrplan analog zum Marketingplan

8.7. Management und Organisation

In diesem Abschnitt muss die Aufbau- und Ablauforganisation des Unternehmens dargestellt werden. Konkret sind folgende Inhalte darzulegen:

- Organigramm
- Konkrete Verantwortungen und Zuständigkeiten
- Beschreibung des Managements (Lebenslauf, Expertise etc.)

8.8. Finanzierung

Der Finanzierungsabschnitt ist einer der wichtigsten Inhalte des Businessplans. Alle bisher dargestellten Inhalte müssen konsequent und schlüssig in einen Finanzplan überführt werden. Hier müssen sowohl die Ausführungen als auch die Darstellung von Kosten und Erlösen überzeugen. Insbesondere muss dargestellt werden, welche finanziellen Mittel zur Verfügung stehen und wie hoch der weitere Kapitalbedarf ist.

Drei Pläne müssen beschrieben werden:

- Umsatzplanung: Beschreibung des Gesamtumsatzes als Produkt von Menge und Preis; Absatzvolumina der nächsten Jahre; Untermauerung der Zahlenwerte mit verbalen Ausführungen; Herstellung eines unmittelbaren Zusammenhangs zu den Businessplan-Abschnitten Produkt, Markt, Marketing

- Kostenabschätzung: Festlegung der prognostizierten Kosten, um später Soll-Ist-Vergleiche anstellen zu können

- Investitionsplanung: notwendige Sachinvestitionen, Informationen über die Mittelbindung, Zeitspanne und Risiken, zu erwartende Rendite, Dauer des Amortisationszeitraums, steuerliche Auswirkungen

- Finanzplanung: Überblick über zu erwartende laufende Aufwendungen und Umsätze, Erfolgsplanung, Liquiditätsplanung

Auch in diesem Abschnitt sollten Meilensteine eingefügt werden. Das Gesamtvorhaben wird in einzelne Phasen unterteilt, um für jede Phase konkrete Teilziele zu definieren.

8.9. Chancen und Risiken

Die Risikoeinschätzung und Prognose der künftigen Entwicklung der Geschäftsidee sollte einen eigenen Abschnitt im Businessplan einnehmen. Dies ist für potenzielle Kapitalgeber und sonstige Unterstützer besonders wichtig, um den möglichen Erfolg der Geschäftsidee abschätzen zu können.

Für die Aufarbeitung dieses Abschnitts bietet sich eine Szenario-Analyse an. Diese ermöglicht eine Gegenüberstellung verschiedener Szenarien, in der Regel Worst-Case, Middle-Case und Best-Case.

Die Aufbereitung erfolgt anhand folgender Struktur:

- Rahmenbedingungen A → Szenario A
- Rahmenbedingungen B → Szenario B
- Rahmenbedingungen C → Szenario C

Zu diesen Rahmenbedingungen zählen sowohl endogene Risiken, also Risiken, die im Unternehmen selbst liegen, als auch exogene, die außerhalb des Unternehmens liegen. In der Literatur werden acht verschiedene Risiken unterschieden, die beleuchtet werden sollten:

- Marktrisiken
- Personalrisiken
- Wirtschaftliche Risiken
- Technische Risiken
- Finanzrisiken
- Vermögensrisiken
- Umweltrisiken
- Administrative Risiken

Auch Chancen können in diesem Zusammenhang beleuchtet werden. Der Fokus liegt aber auf den realistisch eingeschätzten Risiken.

8.10. Finanzbedarf

Den Abschluss des Businessplans bildet der Finanzbedarf. Nachdem die gesamte Geschäftsidee umfassend dargestellt wurde, muss der notwendige Finanzbedarf festgelegt werden. Hier wird Bezug auf die bereits beschriebenen Umsatz-, Kosten- und Investitionsplänen genommen. Zugleich müssen hier auch Eigenkapital und Fremdkapital gegenübergestellt werden.

Der Fokus dieses Abschnitts liegt auf der exakten Bezifferung des benötigten Fremdkapitalbedarfs.

8.11. Sonstige Anforderungen

Der Businessplan muss neben den genannten Inhalten auch formalen Anforderungen entsprechen. Dazu zählen die folgenden:

- Knapp und einfach zu lesen
- Aussagekräftige Überschriften
- Kurze Zusammenfassungen am Ende größerer Kapitel
- Fesselnder und schlüssiger Einstieg
- Kurze Sätze
- Bilder, Grafiken, Diagramme
- Richtwert: 20 Textseiten + Anhang

Mit dem fertigen Businessplan wird die Bewerbung um finanzielle Mittel möglich. Erfolgreiche Businesspläne sind inhaltlich, strukturell und formal einwandfrei, folgen einer stringenten Argumentation und enthalten fundierte Analysen zum Geschäftsvorhaben.

9. Schlusswort

Nach der Lektüre dieses Buches haben Sie sich die notwendigen Kenntnisse über betriebswirtschaftliche Vorgänge angeeignet. Diese Grundlagen helfen Ihnen, Unternehmen besser zu verstehen, Grundbegriffe der BWL einzuordnen, Unternehmenstätigkeit nachzuvollziehen und Entscheidungen der Unternehmensführung zu bewerten.

Die Vermittlung betriebswirtschaftlicher Grundkenntnisse ist seit jeher ein tragender Bestandteil verschiedener Weiterbildungsmaßnahmen und geht weit über die theoretische Anwendung in der Hochschulbildung hinaus.

Fakt ist, dass die Vielschichtigkeit von Unternehmensprozessen und Unternehmensaktivitäten hohe Anforderungen an jene richtet, die sich in diesem Bereich weiterbilden wollen oder die praktisch damit konfrontiert sind. Umso wichtiger ist es, diese komplexen Sachverhalte strukturiert und kompakt aufzuarbeiten.

In diesem Zusammenhang sollte aber auch das große Ganze nicht aus den Augen verloren werden: Unternehmen sind Teil des Wirtschaftsgeschehens. Sie agieren sowohl im regionalen als auch im nationalen und im globalen Raum. Die wirtschaftlichen Aktivitäten werden dabei von verschiedenen Rahmenbedingungen beeinflusst. Diese können gänzlich unterschiedlich ausfallen, sodass berücksichtigt werden muss, dass Fachbücher stets nur den „kleinsten gemeinsamen Nenner" der betriebswirtschaftlichen Erkenntnisse beschreiben können. Dieses Know-how hilft dabei, die Rahmenbedingungen in der Unternehmenspraxis einordnen zu können.

Ausgangspunkt ist jedoch stets ein individuelles Unternehmen mit seinen ganz spezifischen Bedürfnissen, Gegebenheiten und Bedingungen. Unternehmen sind in diesem Sinne zweckbestimmte Ganzheiten, die sich gegenüber anderen Bereichen der Realität als etwas Einheitliches präsentieren. Sie sind reale Systeme, deren Zweckbestimmung sich aus der Funktion ableitet, die das betreffende System als Ganzes erfüllen muss oder will. Der Unternehmenszweck spielt demnach stets eine tragende Rolle bei der Beurteilung, welche Strategien oder Maßnahmen die richtigen sind und welche gegebenenfalls überdacht werden müssen. Die Angabe eines klar umrissenen Unternehmenszwecks steht maßgeblich für den weiteren Unternehmenserfolg. Zugleich sind auch die konkreten Rahmenbedingungen ausschlaggebend, insbesondere die jeweilige Wirtschaftsordnung, die Besteuerung, die Bestimmungen im Arbeits- und Sozialrecht oder das Umweltschutzrecht.

Die Kenntnisse über die Betriebswirtschaft bilden in diesem Zusammenhang die Grundvoraussetzung für das erfolgreiche Führen und Bestehen eines Unternehmens im marktwirtschaftlichen Leistungs- und Preiswettbewerb. Sie lehrt das kundenorientierte, innovative und planvolle Wirtschaften eines Unternehmens unter Berücksichtigung sämtlicher relevanter Unternehmensbereiche.

Oftmals liegt der Fokus hierbei auf rein ökonomischen Aspekten, tatsächlich werden aber auch weitere Faktoren immer wichtiger. Zu nennen sind hier technologische Prozesse, Umweltbedingungen, rechtliche Vorgaben, soziale Erfordernisse und/oder ökologische Nutzungsbedingungen. Hinzu kommen weitere neue Anforderungen an die Betriebswirtschaft, die sich „auf der Höhe der Zeit" abspielen. Wesentlichen Einfluss auf das Wirtschaftsgeschehen hat die Internationalisierung. Die Entwicklung des Wirtschaftsgeschehens weltweit wird seit Jahren durch die Tendenz der Internationalisierung geprägt. Es ist davon auszugehen, dass diese Entwicklung weiter verstärkt wird. Damit kommt es zu einer weltweiten Verflechtung von Wirtschaft, Politik, Kultur, Umwelt und Kommunikation. So kritisch diese Entwicklung manchmal betrachtet wird, muss auch berücksichtigt werden, dass von der Tendenz der Internationalisierung heute nicht mehr nur große Unternehmen profitieren, sondern zunehmend auch mittelständische Betriebe. Dies führt aber auch zu neuen Herausforderungen hinsichtlich Sprachkenntnissen und kultureller Kompetenz.

Die Lehre der Betriebswirtschaft ist sohin keine statische, sondern eine dynamische. Aufgrund des dynamischen Wirtschaftsumfeldes müssen stets neue Herausforderungen gemeistert und neue Erkenntnisse gewonnen werden. Dies gilt nicht zuletzt auch für die Möglichkeiten der Digitalisierung, die in rasanten Schritten voranschreitet und immer neue Anwendungsfelder bietet. Es kommt zu grundlegenden Veränderungen im System und in den Methoden der Betriebswirtschaft in Richtung computer-gestütztem Wirtschaften. Unternehmensnetzwerke werden zunehmend wichtiger, Informationsbeziehungen kommt eine immer bedeutendere Rolle zu. Industrie 4.0 setzt auf umfassenden Einsatz von Informations- und Kommunikationstechnik, künstlicher Intelligenz und Robotik. All das wird Auswirkungen auf Produktzyklen, Produktivität und Arbeitsbereiche haben. Es bleibt abzuwarten, wie viel Veränderung im Zuge der digitalen Errungenschaften noch auf das Wirtschaftsleben zukommt.

Literatur

Camphausen, Bernd / Vollmer, Theo / Jandt, Jürgen / Levin, Frank / Eichler, Bernd (2011): Grundlagen der Betriebswirtschaftslehre. 2. Auflage. München: Oldenbourg.

Daum, Andreas / Petzold, Jürgen / Pletke, Matthias (2012): BWL für Juristen. 2. Auflage. Wiesbaden: Gabler.

Froböse, Michael / Thurm, Manuela (2016): Marketing. Wiesbaden: Springer.

Horsch, Jürgen (2020): Kostenrechnung. 4. Auflage. Wiesbaden: Springer.

Jäger, Clemens / Heupel, Thomas (2020): Management Basics. Grundlagen der Betriebswirtschaftslehre. Wiesbaden: Springer.

Junge, Philip (2012): BWL für Ingenieure. Wiesbaden: Gabler.

Klein, Andreas / Schnell, Harald (2012): Controlling in der Produktion. München: Haufe-Lexware.

Schmelting, Jürgen (2020): Produktions-Controlling im Übergang zur Digitalisierung. Wiesbaden: Springer.

Schön, Wolfgang (2013): Eigenkapital und Fremdkapital. Wiesbaden: Springer.

Schuster, Thomas / Uskova, Margarita (2018): Finanzierung und Finanzmanagement. Wiesbaden: Springer.

Von Känel, Siegfried (2018): Betriebswirtschaftslehre. Eine Einführung. Wiesbaden: Springer.

Milton Keynes UK
Ingram Content Group UK Ltd.
UKHW052211031023
429857UK00022B/301